江苏省教育科学“十三五”规划课题“基于社团活动培养小学生体育核心素养的实践研究”（批准号：D/2020/02/148）

多彩社团，魅力无限

——基于社团活动培养小学生体育核心素养

郭　丽　著

苏州大学出版社

图书在版编目(CIP)数据

多彩社团,魅力无限:基于社团活动培养小学生体育核心素养 / 郭丽著. --苏州:苏州大学出版社,2023.12
ISBN 978-7-5672-4724-6

Ⅰ.①多… Ⅱ.①郭… Ⅲ.①体育课-教学研究-小学 Ⅳ.①G623.82

中国国家版本馆 CIP 数据核字(2024)第 028573 号

书　　名:多彩社团,魅力无限
——基于社团活动培养小学生体育核心素养
DUOCAI SHETUAN,MEILI WUXIAN
——JIYU SHETUAN HUODONG PEIYANG XIAOXUESHENG TIYU HEXIN SUYANG

著　　者:郭　丽
责任编辑:金莉莉
装帧设计:刘　俊

出版发行:苏州大学出版社(Soochow University Press)
社　　址:苏州市十梓街 1 号　邮编:215006
印　　装:镇江文苑制版印刷有限责任公司
网　　址:www.sudapress.com
邮　　箱:sdcbs@suda.edu.cn
邮购热线:0512-67480030
销售热线:0512-67481020

开　　本:700 mm×1 000 mm　1/16　印张:9.25　字数:161 千
版　　次:2023 年 12 月第 1 版
印　　次:2023 年 12 月第 1 次印刷
书　　号:ISBN 978-7-5672-4724-6
定　　价:36.00 元

序

教育部在新课改中，要求各级各类学校从学校实际情况和学生特点出发，把核心素养和学业质量要求落实到各学科的教学中。小学体育学科对学生体育核心素养方面的培养包括体育情感与品格、运动能力与习惯、健康知识与行为等方面。

开展体育社团活动是落实“五育并举”的有效途径，是落实“五项管理”和“双减”政策的重要措施。有效开展学校体育社团活动，认真贯彻“阳光体育活动”精神，落实“每天锻炼一小时”规定，对小学生体育核心素养的培养以及小学生终身体育意识的形成都有积极的作用。

探寻基于体育社团活动培养小学生体育核心素养的路径，更好地借助体育社团活动提升小学生体育核心素养，就需要了解小学体育社团活动的特点，关注体育社团活动和小学生体育核心素养存在的关联，同时调查体育社团活动对培养小学生体育核心素养的促进作用，制订出相应的实施方案，最终提出可操作的具体策略。

“十三五”期间，郭丽领衔申报了苏州市教育科学院规划课题“基于社团活动培养小学生体育核心素养”（此处“社团活动”指“体育社团活动”），并于2021年12月顺利结题。该课题的研究，为下阶段基于体育社团活动培养小学生体育核心素养的对策研究奠定了基础。基于“十三五”市级体育社团活动课题研究成果，郭丽带领的课题组继续申报“十三五”省级体育社团活动研究课题，由之前着重研究学校体育社团的组织、管理等，转变为着重研究体育社团活动对培养小学生体育核心素养的促进作用，期望通过研究培养学生的体育核心素养，助力学生成长为全面发展的人，更好地适应时代的需要，同时也适应新课改的需求。

事实证明，经过三年的研究，课题组取得了丰硕的成果。学校层面，学校已把体育社团活动纳入课程；教师层面，教师广泛运用体育社团活动培养学生体育核心素养；学生层面，学生通过体育社团活动，大大提高了参与体育活动的兴趣，体育核心素养得到了明显提升。目前学校编制了篮球、足球、田径、武术等6种体育社团项目的校本教材，编写了社团活动案例集两册，建立了社团课例影视库。学校也已成功申报了全国足球特色学校、苏州市定向测向特色项目学校、苏州市田径项目特色项目学校。

《多彩社团，魅力无限——基于社团活动培养小学生体育核心素养》以苏州高新区长江小学校体育社团为例，呈现了丰富的案例，有力地佐证了体育社团活动在培养小学生体育核心素养中的重大作用和取得的显著成效。

金刚

前言

体育核心素养是在体育学科层面学生需要具备的品格及相应的能力，分为运动能力、健康行为、体育品德三个方面。运动能力是基本体能、技战术能力、心理能力等的总和，是正常身体活动的基础。健康行为是增进身心健康和积极适应外部环境的综合表现，是改善健康状况并逐渐形成良好生活方式的关键。体育品德是指在体育运动中应当遵循的行为规范及形成的价值追求和精神风貌，对维护社会规范、促进社会风尚的转变具有积极的作用。

随着发展学生体育核心素养的提出，学校需要转变思路，不能只注重应试，还应关注学生的实践。因此，学校体育应该走向学科和活动的融合，通过这种方式来培养学生的体育核心素养，让学生成为适应社会发展的人。

学校通过对小学体育社团的不断研究，对体育社团的类型、组织、结构等不断优化，已形成一套完善的体育社团发展方案，力求发挥体育社团的育人价值，打造多元化、特色化的体育社团教育。比如：学校不断丰富体育社团的活动类型，尽可能地使体育社团活动契合学生的需求，从而使学生的兴趣得以发展；学生在参与社团活动的过程中提高体育技能，促进身心的健康发展；体育社团活动组织中的合作探究等模式，有助于培养学生的社会适应能力；等等。

学生运动能力的培养主要是指通过体育运动使学生学到某个或多个运动项目的技巧并热爱运动。学生运动情感的培养最终目的是激发学生的运动兴趣，让学生养成终身体育锻炼的习惯。体育品格的培养更倾向于培养学生吃苦耐劳、顽强拼搏、坚持不懈等优良品质。

本书基于江苏省教育科学“十三五”规划课题“基于社团活动培养小学生体育核心素养的实践研究”（批准号：D/2020/02/148），阐述小学体育社团活动对培养学生体育核心素养的作用。笔者希望本书能给其他学校带来一定的参考和借鉴。

真诚地期待广大专家和读者提出宝贵的意见。

目录 CONTENTS

第一章

研究框架述评

第一节　研究现状

一、国内体育社团活动的研究和学生体育核心素养的研究

（一）国内体育社团活动的研究

学校开展学生社团活动是全面培养学生的有效途径，它不仅落实了“五育并举”和“五项管理”，实施了“双减”，还进一步促进了学生体育核心素养的提升。在此基础上，认真贯彻“阳光体育活动”精神，落实“每天锻炼一小时”规定，有助于小学生体育核心素养的培养。这些措施的有效推行，必将为学生提供更丰富、更多元、更具挑战性的体育活动，进一步促进他们身心健康和全面发展。

在中国知网、万方数据库等检索“学生体育社团”“体育社团”等关键词，总体上可以看出我国对学生体育社团的研究较为成熟，关注的角度也具有多维度特点。我国教育者在理论与实践的探索中慢慢发现体育社团活动的重要性，认识到体育社团活动是学生获取和积累知识的重要途径。体育社团活动以其鲜明的实践性、经验性、灵活性和开放性特点，成了学校教育课程体系的有机组成部分。体育社团活动对培养学生的个性和提升学生的综合素质都具有重要的作用，在小学阶段尤为重要。

（二） 学生体育核心素养的研究

纵观国内近年来关于体育核心素养的研究成果，基本从运动能力、健康行为和体育品德三个维度进行研究。在教育部发布的《义务教育体育与健康课程标准（2022 年版）》（简称“新课标”）中，将体育核心素养定义为：体育与健康课程所要培养的核心素养，主要是学生通过体育与健康课程学习而逐步形成的正确价值观、必备品格和关键能力，包括运动能力、

健康行为和体育品德等方面。

在国内相关研究中，于素梅在《学生体育学科核心素养及其培育》一文中指出，体育学科核心素养在课堂中的表现包含两层意思：一是学生原有的表现，二是教师培育的表现。[①] 赵风霞等人在《体育核心素养模型构建研究》一文中指出，我国体育核心素养模型构建应以社会主义核心价值观为导向，体现体育学科本质特点及价值功能，实现体育本体、人与社会的相互促进及和谐发展。[②] 赵富学等人在《体育学科核心素养的研究进展及其启示》一文中指出，国内关于体育学科核心素养的研究在经历了由“双基”朝向“学科核心素养”的过渡之后，以借鉴国外经验为基础，提出围绕课程改革与“立德树人”的要求进行体育学科核心素养体系的建构。[③] 罗伟柱和邓星华在《体育深度教学：体育学科核心素养培育的应然进路》一文中指出，体育深度教学的实施规约为：整合链接和深层开发教材内容，开展深层教学建构学生高阶体育素养，重视互动和反思教学环节发展学生体育非认知技能，保证体育课堂的合理运动量，提高学生体育运动能力。[④]

（三）基于体育社团活动培养学生体育核心素养的研究

2017 年，潘勤、纪晶在《学生发展核心素养视角下的体育教学探析》一文中指出，体育学科核心素养是指自主终身的体育意识和习惯，其核心能力主要包括运动认知能力、健身实践能力和社会适应能力 3 个方面。[⑤]

2017 年，于素梅在《中国学生体育学科核心素养框架体系建构》一文中指出，中国学生体育学科核心素养应由体育精神、运动实践、健康促进 3

---

① 于素梅. 学生体育学科核心素养及其培育［J］. 中国学校体育，2016（7）：29－33.

② 赵凤霞，程传银，张新辉，等. 体育核心素养模型构建研究［J］. 体育文化导刊，2017（1）：154－159.

③ 赵富学，王云涛，汪明春. 体育学科核心素养的研究进展及其启示［J］. 北京体育大学学报，2019，42（1）：128－137.

④ 罗伟柱，邓星华. 体育深度教学：体育学科核心素养培育的应然进路［J］. 体育学刊，2020，27（2）：90－95.

⑤ 潘勤，纪晶. 学生发展核心素养视角下的体育教学探析［J］. 当代教育理论与实践，2017，9（5）：23－26.

个维度组成，并具体划分为 6 个要素：体育精神包含体育情感和体育品格；运动实践包含运动能力和运动习惯；健康促进包含健康知识和健康行为。①

2017 年，薛天龙对体育学科中学生核心素养的培养进行研究，他将运动核心素养分为 3 个一级指标：即运动情感与品格、运动能力与习惯和运动知识与健康。3 个一级指标又分化出 6 个二级指标。②

2017 年，黄巧容围绕中学生体育学科核心素养及其培养展开探讨，她提出学生体育学科核心素养主要包括运动认知能力、社会适应能力、健身实践能力 3 大素养。③

第二节　研究背景与意义

1. 政策文件引导，促进学校发展

2022 年 4 月，新课标指出，以落实学科核心素养为教育目标，实现结构化知识与技能学练的目标。同时，新课标强调，学校要开展普及性的体育运动，定期举办体育节或运动会，以体育社团、兴趣小组等形式引导学生积极参与体育活动，掌握专项运动技能，达到全面提升体育核心素养的目标。

2. “双减”方针推进，激发体育社团活力

近年来，一些学生面临学习压力大、课外兴趣班多等情况，参与课外运动的时间极少，这造成学生身体素质持续下降。为了有效改变这一情况，2021 年 7 月，中共中央办公厅、国务院办公厅印发了《关于进一步减轻义务教育阶段学生作业负担和校外培训负担的意见》，目的是减轻中小学生校内外负担，明确提出要加强体育课后服务的建设，而体育社团正是其中的一种重要形式，这也为学校体育社团的建设提供了新的发展路径。

---

① 于素梅．中国学生体育学科核心素养框架体系建构［J］．体育学刊，2017，24（4）：5－9．

② 薛天龙．论体育教学中学生的核心素养及其培养［J］．运动，2017（9）：105－106．

③ 黄巧容．中学生体育核心素养的培养［J］．西部素质教育，2017，3（17）：81－82．

3. 教育改革趋势，推动体育社团发展

随着教育改革的不断深化，我国基础教育正迈入核心素养的新时代。从“双基”到“三维目标”再到“核心素养”，我国基础教育不断地从“物”走向“人”，让教育回归立德树人的正确轨道。学生体育社团活动作为学校教育课程的重要组成部分，起到辅助课程建设、巩固课程发展和促进课程开发的关键作用，以核心素养为导向发展学生的社团活动，是学校教育发展的必要手段，也是落实立德树人的关键途径。

第三节　研究目标和内容

一、研究目标

1. 梳理体育社团要素，奠定理论研究基石

通过广泛检索书籍、深入查阅文献资料，对体育社团的类型、组织架构与结构模式进行系统梳理、分类整合及内容补充，深度挖掘其中蕴含的教育价值。探究在教学实践中运用相关资料开展教学，对学生体育核心素养发展的积极作用与改进方向。

2. 依托多元体育社团活动，助力学生素养提升

借助体育社团活动的开展，持续增强学生运动能力，提升学生参与体育社团活动的主动性。在教师指导下，学生参与各类体育社团活动，熟练掌握运动技巧，提升体育运动水平；推动体育课堂教学模式革新，将学生感兴趣的体育社团活动融入体育课程，全方位提升学生体育学习能力；促进学生在自我探索、互助合作、社会适应等方面能力的发展，实现体育核心素养的全面提升。

3. 以校本体育社团为范例，打造社团发展模板

提炼校本体育社团活动内容，为体育社团提供切实可行的操作策略，使其成为提升学生体育核心素养的关键路径。对现有的体育社团类型、组织形式和结构进行优化并付诸实践，形成一部完整的体育社团专著，为小

学体育社团的未来发展提供具体、有效的指导方案，推动体育社团的发展与完善，使其成为学生校园活动的重要平台。

二、研究内容

本书主要研究以下内容：

（1）小学体育社团的类型、组织、结构等。（2）小学体育核心素养的发展对体育社团活动的要求。（3）小学体育社团活动对培养小学生体育核心素养的积极作用。（4）小学体育社团活动培养小学生体育核心素养行之有效的方法。（5）小学体育社团活动培养小学生体育核心素养的策略。

第四节 研究思路和方法

一、研究思路

本书旨在通过对苏州市高新区长江小学校体育社团的实证研究，探寻小学体育社团发展的经验、规律和趋势，紧密围绕体育核心素养发展，开拓出一条契合小学生体育核心素养提升的社团发展新路径。具体依循分类治理与交叉融合的研究逻辑，结合现阶段小学体育社团活动的政策背景与具体环境，从以下几个方面开展研究。

首先，对有关小学体育社团发展和管理的相关研究，进行相应的文献述评和理论回顾。其中，主要以“体育核心素养”“体育社团”等为关键词，进行相关文献梳理，在这一过程中，笔者发现，关于小学体育社团活动培养学生体育核心素养的研究颇为匮乏，并呈碎片化的研究现状，且学校体育社团活动的研究趋向于理论性探究，缺乏实质性教学案例成果的呈现，研究方法和范式也较为单一。

其次，针对关于小学体育社团活动培养学生体育核心素养的实践研究不足的问题，笔者首先对相关研究概念下定义和区分，并根据本校学生体育社团活动的发展经验，展示相关建设经验和成果，以期为广大学校提供理论依据和实践参考。

最后，依照现实问题和本书的相关研究，笔者从小学体育社团发展学生体育核心素养的实践角度，提出相关的有利于学校发展的针对性策略与意见建议。

二、研究方法

第一，文献资料法。根据本次研究的任务和需求，课题组成员在学校图书馆和苏州大学图书馆查阅与“体育核心素养”“体育社团”等相关的文献。此外还查阅了关于推进体育社团建设等方面的资料。借助中国知网、万方数据库等下载有关文章，为本书奠定了坚实的理论基础，也为后续研究提供了可能的研究视角。

第二，规范分析法。笔者借助规范分析的方法，通过理论借鉴和推演，分析体育社团活动对学校达成培养学生体育核心素养目标的重要作用。同时，利用体育学和管理学理论，明确体育核心素养培育目标下的体育社团发展目标、内容和评价体系，为后续的实证研究提供相应的理论支撑。

第三，数理统计法。运用 Excel、SPSS 软件对调查所得到的数据进行统计学处理。

第五节　研究重点和价值

一、研究重点

本书研究重点是基于小学体育社团活动培养小学生体育核心素养的有效方法与策略。

二、研究价值

（一）理论价值

1. 丰富小学体育社团核心素养内涵

在精准把握体育核心素养的前提下，深度剖析小学体育社团中核心素养的发展根基，以“塑课程、育人式、育心智、提质量”为研究方向，拓展小学阶段体育社团核心素养的内涵。

2. 深化对小学体育社团核心素养的理解

通过整合校园、家庭和社会等多方力量，充分发挥学校的主导作用，推进学校体育社团建设工作。鼓励和引导小学体育社团的健康发展，积极营造健康的校园文化氛围，提升师生对体育社团核心素养的认知和理解水平。

3. 构建小学体育社团核心素养发展体系

课程体系是育人活动的指导思想，是培养目标的具体化和依托，明确规划了培养目标的实施路径与方案。以体育核心素养为理论指导，将核心素养发展理念融入体育社团活动的各个环节。不仅是课程标准的制定、教学设计的规划，还是课堂锻炼的实施，或是学生个人学练、团队协作和课后练习，都始终贯穿这一理念，构建起一体化的体育课程发展体系。

（二）实践价值

1. 挖掘地方性小学体育社团教育资源

在学校大力发展课后服务的契机下，依托本校特色体育课程，深度挖掘地方性社团课程资源，打造独具特色的体育课堂，塑造学校体育社团品牌，以此推动学校整体课程体系的优化与发展。

2. 转化小学体育社团的育人价值

体育社团是培育小学生体育核心素养的良好平台之一。开展学校体育社团活动是补充体育课堂知识、发展学生多学科综合能力的有效途径。通过发展小学体育社团课程，发挥其在增强学生体质、促进学生体艺融合、发展学生多元能力方面的作用，增进学生运动能力、健康行为和体育品格的发展，将运动实践转化为促进学生成长的综合性育人课程。

第六节　研究观点和创新之处

一、研究观点

党的十八大提出，要把立德树人作为教育的根本任务。培养学生核心素养是新时期国家在学校教育上的新要求。培养学生核心素养，是帮助学生成长为一个全面发展的人的关键因素，是时代不断变化和前进的要求，同时也适应了新课程改革的需求。

学校体育社团对于提升学生体育核心素养的各个方面都有一定的影响，要想更好地借助体育社团来提升小学生体育核心素养，就需要了解小学体育社团的特点，关注体育社团和小学生体育核心素养存在的关联，同时调查学校社团对小学生体育核心素养的促进作用，制订出相应的实施方案，最终提出可操作的具体策略。本书以苏州市高新区长江小学校体育社团为例，以研究为抓手，争取为小学生体育活动建设一个优质平台，进一步激发学生参与体育社团的兴趣，提高学生的体育核心素养。

二、创新之处

本研究的创新之处有以下几点：一是对学校体育社团活动的内容、形式和过程进行设计，使体育社团活动能提升学生的体育核心素养。二是根据小学三个水平段课程结构特点，分别构建三个不同层次的学习图谱，形成一套具有本校特色的社团课程指南，构建一套层次多元、结构合理的体育课程体系，对小学体育社团的发展具有一定的指导作用。三是优化学校体育教育整体过程与环境，全方位助力学生体育认知的拓展、健康行为的塑造等，促进学生体育核心素养的全面养成与进阶。

第二章

体育社团活动培养小学生体育核心素养的理论探究

第一节　相关核心概念界定

体育社团：体育社团是指由学校或社会组织等提供支持和指导，由学生自愿组成的、在体育领域开展各种活动的社团组织团体。其主要目的是为广大学生提供一个开展有益身心健康、全面发展的体育活动的平台，促进学生之间的交流与合作。学校通常会根据学生不同的兴趣和特长组织不同的体育社团，如篮球社团、足球社团、排球社团、游泳社团等，以满足不同学生的需求和爱好。体育社团的发展不仅可以促进学生身心健康、全面发展，还可以丰富学生课余生活，增强学生的社交能力和人际关系处理能力，是学校体育教育和学生综合素质教育的重要组成部分。

体育核心素养：体育核心素养是指在体育教育中，学生应该掌握的最基本、最关键、最不可或缺的核心能力和素质。它是体育教育的目标和基础，也是人类在面对日益变化的社会和环境时所需要具备的基本体育能力和素质的体现。体育核心素养包括身体素质、技能素质、认知素质和情感素质四个方面。其中，身体素质包括体能、协调性和柔韧性等方面；技能素质则包括各类体育技能及战术应用能力；认知素质包括运动认知和运动创新能力两个方面；情感素质则包括体育文化意识、体育道德素养和体育情感体验等。

第二节　小学体育社团活动的组织形式

一、小学体育社团的类型

根据活动场地的不同，小学体育社团活动分为室内活动和室外活动两大类。以下是一些常见的活动类型。

1. 室内活动

室内活动包括室内体操、室内舞蹈、室内球类运动、室内健身课程、室内格斗和武术等。

室内体操：基本的体操动作和技巧训练，如平衡、跳跃和灵活性训练等。

室内舞蹈：各种舞蹈形式，如现代舞、民族舞等。

室内球类运动：乒乓球、羽毛球、篮球等，可以在室内运动场进行。

室内健身课程：瑜伽、普拉提、健身操等，可以在室内的体育馆、多功能厅或健身房进行。

室内格斗和武术：空手道、跆拳道等，可以在室内场地进行。

2. 室外活动

室外活动包括田径运动、室外球类运动、室外游戏与团队建设、骑行和滑板运动、探险与户外拓展等。

田径运动：跑步、跳远、投掷等，可以在操场、田径场等室外场地进行。

室外球类运动：足球、排球、网球等，可以在操场、运动场或室外篮球场进行。

室外游戏与团队建设：拔河、接力赛等，可以在户外进行。

骑行和滑板运动：自行车骑行、滑板、滚轮溜冰等，可以在室外场地进行。

探险与户外拓展：徒步旅行、露营、定向越野等，可以在户外自然环境中进行。

根据具体场地和资源情况，合理安排室内活动和室外活动，确保学生在不同的环境中得到锻炼。

二、小学体育社团活动的组织与管理

1. 确立目标和宗旨

在组织体育社团之前，明确体育社团的目标和宗旨非常重要。例如，促进学生的身心发展，培养学生的团队合作精神，提供多样化的体育活动体验，培养健康的生活方式，培养竞争意识和自信心，培养体育精神和道德观念，丰富学校文化生活等。确立明确的目标和宗旨可以帮助组织者更好地规划和组织小学体育社团活动。这些目标和宗旨与学校的教育目标一致，可以培养学生对体育的兴趣以及健康的生活方式。

2. 确定指导教师或社团顾问

为了有效组织和指导小学体育社团活动，促进学生的全面发展和健康成长，小学体育社团的指导教师或社团顾问须具备以下特点：

（1）具备专业知识和经验。指导教师或社团顾问应具备体育领域的专业知识和经验，熟悉各种体育活动的规则、技能和战术。他们应了解学生的发展特点和需求，能够有效地指导和辅导学生参加体育训练和比赛。

（2）热爱体育运动。指导教师或社团顾问应热爱体育运动，能够激发学生的热情，调动学生积极参与。他们应以身作则，展现积极的态度和健康的生活方式，成为学生的榜样。

（3）善于沟通和引导。指导教师或社团顾问应具备良好的沟通和引导能力。他们应与学生建立良好的师生关系，倾听他们的需求和意见，并能进行有效的指导和反馈。

（4）具有行动力和组织能力。指导教师或社团顾问应具备良好的行动力和组织能力。他们能制订合理的训练计划，有效安排活动，合理管理资源和时间，确保社团活动的顺利开展。

（5）关注学生的全面发展。指导教师或社团顾问应关注学生的全面发展，不仅关注他们在体育方面的发展，还要关注他们的学业、品德和情感的发展，培养学生的团队合作精神、自信心。

（6）具备安全意识和急救知识：指导教师或社团顾问应具备安全意识和急救知识，确保学生参与体育活动时的安全。他们应了解常见的运动伤害和事故处理方法，并有能力采取相应的安全措施。

（7）有学习与更新的意识：指导教师或社团顾问应具备学习与更新的意识，不断提升自己的知识和技能。他们应该关注体育教育领域的最新发展和研究成果及教学方法和技巧的更新。

3. 活动计划和安排

在每个学期或学年的开始，可以制订一个包含以下要点的活动计划。

目标设定：明确该学期或学年的活动目标，例如，提高学生的体育技能，培养团队合作精神，培养健康的生活方式等。确保活动计划与学校的教育目标和体育政策一致。

活动内容：根据体育社团成员的兴趣和需求，安排具体的活动内容，包括不同体育项目的训练，如技能提高、战术讲解等。确保活动内容多样化，有挑战性，能满足学生的学习需求，提高学生的运动能力。

时间安排：确定活动的时间安排，包括每周的活动时间、活动持续时间和活动周期。考虑到学生的学业负担和其他课外活动，合理安排活动时间，确保活动与学习的平衡。

场地选择：根据活动内容和人数，选择适合进行体育活动的场地，如学校的体育馆、操场或其他相关场所。与学校管理部门协调好场地的使用，确保场地安全、设施完善。

资源和器材准备：根据活动内容和需要，预先准备好所需要的资源和器材，如球类、跑道、器械、音响设备等，确保资源和器材的充足性和安全性。

训练计划：制订具体的训练计划，包括每次训练的目标、内容和方法。根据学生的水平和需求，有针对性地进行训练，逐步提高技能和水平。

比赛和活动安排：安排体育社团成员参加校内外的比赛和活动，如友谊赛、校际比赛、区域比赛等。确保适当安排比赛和活动的时间，提前准备必要的报名手续，做好参赛准备工作。

评估和反馈：定期进行活动的评估和反馈，包括对学生参与度、技能提高情况和比赛成绩的评估。根据评估结果，及时调整和改进活动计划，以提高活动的效果和质量。

具体的计划可以根据学校的实际情况和资源进行调整和改进。确保活动计划的合理性和可行性，以促进学生的全面发展。

4. 招募和选拔成员

招募和选拔成员是组建一个优秀的小学体育社团的关键步骤，要确保选拔过程的公平、公正和透明，同时关注学生的全面发展和潜力的挖掘。关键步骤主要有以下几步。

宣传和推广：利用校内外的渠道，例如，学校广播、校报、社交媒体等，宣传和推广体育社团，让更多的学生了解体育社团。可以制作海报、宣传册等宣传材料，突出体育社团的特色和吸引力。

信息收集：在宣传过程中，鼓励有兴趣的学生填写报名表或提供个人的信息，包括姓名、年级、兴趣爱好、体育经历等。这些信息可以用于筛选和了解学生。

选拔标准：明确选拔成员的标准和要求，例如，体育水平、学习成绩、纪律表现等。根据体育社团的特点和目标，制定具体的选拔标准，并公开、透明地告知学生和家长。

选拔过程：设计选拔过程，包括体能测试、技能评估、面试等环节。确保选拔过程公正、公平，避免歧视和偏见。

选拔小组：组建一个选拔小组，选拔小组由多个教师或指导教师组成，负责评估和选拔学生。选拔小组的教师应该具备专业的知识和经验，能够客观地评估学生的能力和潜力。

综合评估：除了体能和技能，还应综合考虑学生的学习态度、团队合作精神、纪律表现等因素。体育社团不仅注重提升学生的体育能力，也注重提升他们的综合素质。

公示和通知：将选拔结果公示，并及时通知被选拔为体育社团成员的学生及其家长。对于未选中的学生，可以给予鼓励和建议，提供其他参与体育活动的机会。

后续培养和发展：一旦选拔出成员，就应该制订详细的培养计划，包括训练安排、比赛等，帮助他们提高技能和水平。

5. 训练和指导

在小学体育社团活动中，指导教师应该根据学生的特点和需求，灵活运用不同的方法和策略，对他们进行全面的训练和指导，帮助他们发展体育技能，提高综合素质。可以采取以下方法进行训练和指导。

设定目标：明确每个训练阶段的目标，根据学生的水平和需求进行适当的安排。例如，提高技能，增强体能，培养团队合作能力，等等。

制订训练计划：根据训练目标，制订详细的训练计划。包括每次训练的具体内容、时间安排和进度安排。确保训练计划科学、合理，兼顾学生的兴趣和发展需求。

多样化训练方法：采用多种不同的训练方法，如示范教学、分组训练、个别指导等。根据学生的学习风格和能力，选择合适的方法进行训练和指导。

渐进式训练：将训练目标分解为小步骤，通过渐进式的训练，逐步提高学生的技能和能力。确保每个学生都能够跟上训练的进度，不断取得进步。

个性化指导：根据学生的个体差异，进行个性化指导。关注每个学生的特长和潜力，针对性地给予指导和建议，帮助他们发展自己的优势。

鼓励和激励：积极鼓励学生，帮助学生培养积极的学习态度和建立自信心。认可学生的努力和取得的进步，激励他们克服困难，不断挑战自我。

团队合作培养：通过团队活动和合作训练，培养学生的团队合作精神和交流能力。鼓励学生互相帮助和支持，共同达成目标。

定期评估和反馈：定期进行训练的评估，给予学生及时的反馈和建议。帮助他们发现问题，改进技巧，促进学生持续地学习和提高。

领导示范：作为指导教师，要以身作则，展现出积极的态度和健康的生活方式，成为学生的榜样，引导他们树立正确的价值观和遵守行为准则。

6. 组织比赛和参与活动

安排体育社团参加学校内外的比赛和活动，可以提供学生实践和展示的机会。这些比赛和活动可以是友谊赛、校际比赛、区域比赛等，以培养学生的竞争意识和团队合作能力。比赛结束后，与学生一起总结比赛经验，讨论他们的表现和改进的方向。鼓励学生从成功和失败中学习，不断提高自己的技能和团队合作能力。在没有外部比赛和活动的时候，安排社团内的友谊赛、技能展示、讲座等活动，让学生有机会展示他们的成果并相互之间交流经验。

通过合理安排校内外的比赛和活动，小学体育社团可以提供给学生更广阔的舞台，激发他们的热情和挖掘他们的潜力，促进个人和团队的成长。

7. 管理和利用资源

在小学体育社团活动中，合理管理和利用资源，可以更加有效地开展活动，为学生提供更好的成长机会。合理管理和利用资源包括以下几个方面的内容。

人力资源管理：确保指导教师和助教人员的合理配置和管理。根据社团规模和需求，确定足够的指导教师和助教人员，并明确人员的职责和任务分工。

场地资源利用：合理安排和管理场地资源，包括学校的体育馆、操场和其他相关场所。与学校管理部门协调好场地的使用计划，避免时间上的冲突，确保场地的安全和设施的完好。

设备和器材管理：及时维护和管理社团所需要的设备和器材，确保其安全性和可用性。制定使用规则和流程，让学生和指导教师都能够妥善使用和保养设备。

财务资源管理：制订预算计划，并明确资金来源和使用方式。合理安排和管理社团的财务资源，包括活动经费、比赛费用等，并记录和报销相关支出。

信息和通信管理：建立有效的信息和通信管理机制，确保与社团成员、家长和学校的沟通顺畅。利用各种途径，如电子邮件、社交媒体等，及时传达活动安排、通知和反馈。

合作与资源共享：与其他学校或社团进行合作和资源共享，充分利用各方的资源和优势。例如，共同组织比赛，开展培训交流等，提高资源利用率。

社团成员参与：鼓励社团成员积极参与资源管理和活动过程。例如，让学生参与器材整理、场地布置等工作，培养他们的责任感和管理能力。

持续评估和改进：定期评估资源利用情况，发现问题并加以改进。根据实际情况调整资源管理策略，提高资源利用效率和效果。

8. 安全管理措施

确保小学体育社团活动的安全，可以采取以下措施。

制定安全规章制度：制定清晰、明确的安全规章制度，并向社团成员、指导教师和家长进行宣传和教育。明确活动参与者的责任和义务，并强调安全意识和行为规范。

安全设施和装备：确保活动场地的安全设施完备，例如，有消防设备、急救箱、防护垫等。检查和维护体育器材，确保其安全、可靠。

活动前的安全检查：在每次活动开始前，进行场地和器材的安全检查。排除潜在的安全隐患，确保活动环境的安全和卫生。

适当的体能和技术培训：确保学生具备足够的参与活动的体能和技术水平。指导教师要进行适当的体能训练和技术指导，提高学生的身体素质和技能水平。

紧急救援准备：指导教师和助教人员应具备基本的急救知识和技能。了解附近医疗机构的急救和紧急救援联系方式，并确保能够及时应对突发情况。

活动过程中的监督和指导：指导教师和助教人员应时刻关注活动过程中的安全情况。确保学生按照规定进行活动，注意安全细节和风险防范。

家长的参与和监督：鼓励家长参与社团活动，了解和关注学生的参与情况。与家长保持沟通，及时向他们反馈活动的安全情况，共同关注学生的安全。

风险评估和管理：在活动策划阶段，进行细致的风险评估，识别潜在的风险和安全隐患。采取相应的措施和预防措施，降低风险发生的可能性。

建立紧急预案：建立针对突发情况的紧急预案，包括针对火灾、意外伤害、自然灾害的紧急预案等。指导教师和助教人员要熟悉预案内容，并在必要时迅速行动。

以上措施可以有效保障小学体育社团活动的安全。此外，学校还应持续关注和加强安全意识，做好各个环节的安全工作，为学生提供安全、健康的活动环境。

9. 监督和评估

定期进行体育社团活动的监督和评估，以了解活动的效果和改进的方向。可以通过学生的参与度、技能提高情况、比赛成绩等指标进行评估，以便适时调整和改进活动方案。

这些组织与管理的方面可以根据学校的具体情况和资源进行调整和改进，以确保小学体育社团活动的顺利开展和学生的全面发展。

三、小学体育社团的结构

小学体育社团的结构可以根据不同学校和社团的具体情况而有所不同，但通常包括以下几个基本组成部分：社团负责人、指导员、学生会员和辅助人员。

社团负责人：社团负责人通常由一名教师或指导员担任，负责整个社团的组织和管理工作。他们负责制订活动计划，招募指导员和学生会员，协调各项工作，等等。

指导员：指导员是负责具体指导学生参与体育社团活动的教师或专业人士。他们负责制订训练计划，指导学生进行技能训练，等等。

学生会员：学生会员是参与体育社团活动的学生。他们可以根据自己的兴趣爱好和特长选择加入不同的体育社团。学生会员需要积极参与训练和比赛，遵守体育社团的规章制度。

辅助人员：社团运作还需要一些辅助人员，如负责器材管理、场地布置、活动统筹等工作的学校工作人员或志愿者。

整个社团是一个协同合作的体系，社团负责人负责整体协调和管理，指导员负责具体指导和训练，学生会员积极参与活动。这种结构可以确保社团活动的有序进行，同时培养学生的团队合作意识和领导能力。具体的体育社团结构可以根据学校的实际情况进行灵活调整。

四、小学体育社团的特征

1. 活动具有灵活性

在体育社团活动中，根据学生的学习兴趣爱好与个体差异，在活动规则、活动时间、活动地点、活动器材等方面都可以根据实际情况进行调整。比如，在乒乓球社团的内部比赛中，参与人数较多，为了提高比赛效率，可以适当缩短每局比赛的时间；如果是为了让初学者更好地参与，可以适当放宽发球规则，允许发球失误后有一次重发的机会。

2. 组织结构具有松散性

社团作为一种群众组织形式，一般都有组织结构松散的特点，其加入手续简单，退出自由。在组织形式、社团成员构成、活动主题等方面，都呈现出较高的变动性，不会过度拘泥于固定模式。

3. 活动具有实践性

体育社团立足一定的技能，通过开展与体育专业紧密结合的实践活动，切实提高学生的体育技能水平和实践操作能力。

第三节　体育社团活动对培养小学生体育核心素养的作用及提升策略

《国务院办公厅关于强化学校体育促进学生身心健康全面发展的意见》指出，要坚持课堂教学与课外活动相衔接、培养兴趣与提高技能相促进，对教学改革、教体结合等方面提出了新的要求。加之新课标明确提出“体育核心素养”，并指出体育核心素养是学生在接受相应学段和体育课程的学习过程中，逐渐形成的适应个体终身发展和社会发展需要的关键品格和能力。体育社团作为学校体育的重要组成部分，作为体育课的重要补充，在发展学生体育核心素养，引导学生贯彻和践行社会主义核心价值观，达成立德树人和人才培养的根本目的方面，具有天然的优势。

（一）体育社团活动对培养学生体育核心素养的作用

1. 运动能力的提升

运动能力是体能、技战术能力和心理能力等在身体活动中的综合表现，是人类身体活动的基础。新课标指出，学生能够运用所学的运动知识、技能和方法，参加各种比赛活动，掌握和运用选学运动项目的裁判知识和规则，具有分析问题和解决问题的能力；能够独立制订和实施体能锻炼计划，并对锻炼效果做出合理评价；了解国内外的重大体育赛事和重大体育事件，具有运动欣赏能力。

体育社团为学生运动能力的形成与提升奠定了基础。体育社团教学内容在原有教学内容的基础上进行巩固与拓展，教学方法相较于常规体育课，更具多样性、自主性、分层性，满足了学生的运动需求，让学生体验到运动的乐趣和获得成就感，有效地激发学生的内在动机，进一步培养运动兴趣和提升运动技能。

以学校篮球社团为例，社团学生热爱篮球运动，并且具有一定的篮球技能。在社团活动中，教师根据学生的技能水平将学生分到基础班和提高班，前者主要学习篮球基本运动技能，达标后方可进入提高班，后者在强化运动技能的同时，融入篮球项目裁判知识与规则，并组织或观赏篮球赛事。整个社团活动的教学计划和教学方法基于学生实际情况而定，并实时调整，满足各层次学生的运动需求，帮助其体验到运动的快乐，并形成了你追我赶的良好运动氛围，对学生运动能力的形成与提升具有积极作用。

2. 健康行为的养成

健康行为是增进身心健康和积极适应外部环境的综合表现，是改善健康状况并逐渐形成良好生活方式的关键。新课标要求学生能够积极主动参与校内外体育锻炼，掌握科学的锻炼方法，逐步形成锻炼习惯，掌握健康技能，学会健康管理；坚持情绪稳定、心态豁达，善于与人交往和合作，具有较强的环境适应能力；关注健康，珍爱生命，热爱生活，养成良好的生活方式，改善身心健康状况，提高生活和生存能力。

以学校田径社团为例，起初，中长跑是学生比较惧怕的项目，后期，教师通过理论与实践引导学生掌握正确的呼吸方法，并在课程中通过各种方式不断鼓励学生坚持，学生逐渐找到了自己的呼吸节奏，掌握了科学的中长跑方法，体验到了中长跑的乐趣，最终学生敢于、乐于挑战 1000 米甚至 1500 米中长跑。在社团活动中，学生逐渐掌握了科学锻炼的方法，形成了良好的锻炼习惯。

3. 体育品德的培育

体育品德是指在体育运动中应当遵循的行为规范及形成的价值追求和

精神风貌，对维护社会规范、促进良好社会风尚具有积极的作用。新课标要求学生在体育与健康学习中，自尊自强，主动战胜困难，具有顽强、积极进取、挑战自我、追求卓越的精神；能够正确对待比赛的胜负结果，胜不骄，败不馁；遵守规则，尊重他人，具有公平竞争的意识。

以学校足球社团为例，面对目前足球比赛呈现“一快三高”的特征，即攻守转换速度快，技战术要求高，队员配合默契度高，体能要求高。这对学校足球队的学生而言是个不小的考验。学生在高强度、高要求的比赛中，逐渐学会了理性看待比赛结果；裁判和规则让他们学会了尊重他人和公平竞争的内涵；足球比赛的高要求使学生不断挑战自我、追求卓越。

（二）体育社团活动提升学生体育核心素养的策略

以下是一些通过体育社团活动提升学生体育核心素养的策略。

1. 针对运动能力提升

分层教学与个性化指导：依据学生运动基础、体能和技能水平分层，为不同层次学生定制教学内容与目标。如篮球社团，基础层着重基本运球、传球练习，提高层侧重战术配合与对抗技巧训练。同时，关注个体差异，为有潜力或有短板的学生提供一对一指导。

多样化活动与赛事开展：设计丰富多样的体育活动和比赛，如短跑、跳远、跳绳等单项赛，以及篮球、足球、排球等团队赛。定期举办社团内部联赛、校际交流赛等，让学生在不同场景中锻炼，积累比赛经验，提升竞技能力。

引入先进的训练理念与方法：教师持续学习先进的体育训练理念，如运动生理学、运动心理学知识，将科学的训练方法融入社团活动。

2. 助力健康行为养成

健康知识系统传授：安排专门健康知识讲座，邀请专家或校医讲解运动营养、运动损伤预防与处理、科学锻炼方法等内容。也可以在每次社团活动前，利用几分钟时间进行健康小贴士分享，逐渐增强学生健康意识。

培养良好的锻炼习惯：制定社团活动考勤制度，要求学生按时参与训练，帮助其养成规律锻炼的习惯。设置阶段性锻炼目标，如连续打卡一定天数、完成特定运动量等，达成目标给予奖励，激励学生坚持锻炼。

营造健康的生活氛围：在社团内倡导健康的生活方式，鼓励学生合理作息、均衡饮食。组织健康生活方式的主题活动，如健康食谱分享会、早睡早起打卡挑战等，让学生在相互影响中形成健康的生活习惯。

3. 推动体育品德塑造

规则教育与纪律强化：社团活动初始阶段，详细讲解运动项目规则和社团纪律要求。活动中，严格执行规则，对违规学生及时进行管理和教育，让学生明白规则的严肃性和遵守规则的重要性，培养规则意识。

团队合作活动设计：多安排需要团队协作完成的体育项目，如拔河、接力赛、多人跳绳等。在活动中引导学生学会沟通、协作，相互支持、包容，培养团队精神和集体荣誉感。

榜样示范与正面引导：教师以身作则，展现尊重对手、公平竞争、坚韧不拔等体育品德。宣传体育明星、优秀运动员的励志故事和高尚品德，树立正面榜样，激励学生向榜样学习，塑造良好的体育品德。

第四节　基于体育社团活动对小学生体育核心素养培养的探究案例

案例一

活动赋能：体育社团活动融入思政教育的价值审视与实践路径

一、思政教育解析

没有德育工作，就无法推动学生“五育”的全面发展。培育“四有”好青年，不仅对我国的社会主义现代化事业有重要意义，而且对提高我国人民的思想品德也有重要意义，所以要加大对学生的思想政治工作力度，使其在德、智、体、美、劳方面得到充分的发展，全面提高学生的整体素质。目前，我国的学生群体还处在价值观的初步建立时期，他们具有很大的可塑性，在思想政治方面还没有完全成熟，因此很容易被外部环境所影响和干涉。所以，要加强学生的思政教育工作。

二、思政教育融入学校体育社团活动的价值审视

学校体育社团活动是学校课程多元化的重要体现，对学生运动习惯的培养起到了关键作用。两者是相辅相成的关系，体育社团在丰富学生的知识、提高运动技能、发展体能素质、提高人际交往和社会适应能力等方面起到了积极的推动作用，这些都要在思政教育的引导下才能落实。

1. 丰富学校课程内涵，彰显立德树人主旨

学校体育社团进行课程化教学，将有组织的社团活动纳入有组织、有计划的体育课程教学活动中，并与体育课堂教学等一起构成学校体育课程。在此基础上，进一步加强体育教学与体育社团的合力效应，从而有效地提升学生的总体素质，促进学校体育课程的规范化、科学化、系统化。

2. 发挥课堂育人功能，增添思政教育阵地

在学校，思政教育无处不在，思政教育的关键在于如何贴近学生的身心特点，通过恰当的教育形式和方法，与学生的学习活动有机结合。体育社团活动作为学校课外活动的重要组成部分，在助力学生养成良好习惯、提高整体素质、提升核心素养方面都起着重要的作用。同时，体育社团活动为学生的业余生活提供多样化的选择，也因此多了一块思政教育的教育阵地。这样的体育社团活动，可以作为体育课堂教学的拓展和延伸，对学生体育品德的培养具有更深层次的作用。

3. 激发学生爱国情怀，促进学生全面发展

学校体育社团活动与日常体育课在目标定位和价值体现上有很大区别，体育社团活动是在体育课原有的运动基础上，根据学生兴趣和运动特长，教授学生更为专业化的运动知识、技能与战术，这也是促使学生身心协调发展、塑造人文精神的重要途径。把思政教育渗入体育社团活动中，不仅使学生获得健康的体质，也能让学生亲身体验到竞争、合作、奉献的意义，

从而激发学生爱国情怀，使学生的个性得到不断发展，从而达到全面发展的目的。

二、思政教育融入学校体育社团活动的实践途径

1. 以体育品格赋能学生全面成长

国无德不兴，人无德不立。习近平总书记多次在不同的场合反复指出，要以立德树人为基本使命，以立德树人为核心，将立德树人融入各个领域、各个环节。这对我们做好新时期的教育工作具有重要的指导意义。在学校体育社团活动中融入思政教育，正体现了立德树人的育人理念，对学生的发展具有积极的促进作用。体育运动是引导学生学习技能、了解体育历史、感受体育深厚文化底蕴的重要方式。在长期的体育运动过程中，逐步培养学生积极进取、勇敢、坚韧不拔的体育品格。在学校体育社团活动中，可以规范学生的言行举止，引导他们尊重对手，胜任运动角色，有责任心，有上进心，面对竞赛结果不骄傲，不气馁。所以，积极参与体育社团活动，不但可以提高学生的身体素质，而且可以有效地培养学生高尚的道德品质和健全的人格。相关研究表明，适量的、规律的运动能够对学生产生积极的正面影响，能够帮助学生缓解学习压力，保持心理健康，减少心理疾病的发生。

2. 以运动规范为基石，筑牢学生规则意识的根基

规则意识是一种以规则作为自身行为准则的内在自觉。在体育教学中，更能促进学生规则意识的形成。学校在举办的一些体育社团活动中，应通过制订规则的方式，让学生树立正确的规则意识，明白“不以规矩，不成方圆”的道理。慢慢地对学生进行教育，让他们在体育游戏或比赛中遵守规则、相互尊重、诚实守信，让他们成为一个有公平竞争意识的人。在开展体育社团活动的过程中，教师在规范方面应时刻严格要求学生不能做出违规的行为，帮助学生建立规则意识。

学校足球社团特别聘请了一名专业的足球教练，对队员们进行了专业的辅导。在日常的社团活动中，首先，教练在教授动作技术的同时，还会讲解足球规则，帮助学生在脑海中树立规则意识；其次，教练还会在日常

的社团活动中不断穿插某一足球技术运用时的相关裁判知识，以此来帮助学生加深印象；最后，除了平时正常的社团活动，足球社团还会经常组织班级赛、校际联谊赛等，使学生将足球规则内化于心。另外还会请部分社团学生担任边裁工作，其他学生文明观赛，使学生明白赛场规则的重要性。课外，足球社团还会定期组织学生观看足球赛，现场观摩学习，参观相关主题展览等活动，在丰富学生课余生活的同时，不断强化学生规则意识，使足球社团活动开展得有声有色。

3. 以奥运精神照亮奋斗征程

在当下全民体育发展越来越蓬勃的情况下，特别是在北京举行的冬季奥林匹克运动会，以及奥运健儿们在2020年日本东京夏季奥运会上的奋勇拼搏、为国争光的情景，都能让学生感受到国际性体育竞赛项目的魅力。当中国运动员站在最高领奖台上，看着五星红旗在《义勇军进行曲》中缓缓升起，每个人都会产生强烈的爱国感和自豪感。

随着我国教育改革的深入推进，体育社团活动与思政教育的融合将会是一个长期的过程，在此过程中要坚持循序渐进的原则，不能急于求成。在新的时代背景下，伴随着对学校体育发展更高需求，将思政教育融入学校体育社团活动中，有利于凸显体育运动对学生性格塑造、意志磨炼等多方面的影响，也有利于家校共育目标的实现，这也与学校育人的目标不谋而合。因此，充分发挥体育社团活动的思政教育功能，提高学生身体素质、健全学生品格，促进学生体育核心素质的发展，使学生树立正确的价值观和培养良好的品质。

作为教育工作者，学校体育教师也必须意识到体育社团活动中思政教育的价值所在，并能通过有效措施来增强二者的融合性。总之，学校体育社团活动与思政教育相结合是新时代发展的大势所趋，这种趋势要求我们不仅要让学生掌握运动技能，还要教会他们怎样应对挑战、怎样面对困难及如何培养团队合作精神等，从而将学生培养成为德、智、体、美、劳全面发展的新时代中国特色社会主义接班人。

案例二

协调性练习对足球社团训练的作用及策略分析

足球运动属于一项技巧性高、对抗性强、观赏性高的运动项目，随着校园足球社团工作的全面推进，各项足球比赛如火如荼地开展，广受学生的热爱。在足球训练中，相对足球单项技术、组合技术及战术训练来说，协调性显得不是那么重要，甚至部分教练忽略协调性训练，看似无关紧要，但直接或间接地影响足球技战术的掌握和学生的综合能力发展。

一、足球训练中协调性练习的重要意义

1. 提高学生身体灵敏度，减少运动伤害

灵敏性指人在各种活动中，在突然变换的条件下，迅速、合理、准确地完成各种动作的能力。足球赛场上，攻守转换次数多，传接球频率高，慢跑、疾跑转变快，拦截、躲闪等都需要一定的灵敏度，而协调性是灵敏度的基础和前提。因此在足球训练过程中，首先要转换训练观念，科学认识协调性训练的重要性，然后采用科学、有效的协调性练习方法，循序渐进地提高运动员的协调性，从而逐渐提高学生的灵敏度，减少运动伤害。

2. 激发学生参与足球运动的直接动机

足球运动是一项激烈的对抗性运动，对技术和战术的要求都比较高。足球社团的教学涵盖了所有体能训练的内容，授课内容多而杂，学生难免注意力不集中，运动兴趣减少。而协调性训练作为辅助训练手段，形式多样，趣味性强，难度系数较低，能有效地缓解学生的抵触心理，增进学生和教师之间的感情，激发学生对足球运动的兴趣，对后期保障训练效果与质量创造有利条件。

3. 促进学生技战术的掌握与运用

颠球、运球、停球、盘球等单项及组合技术，都需要高水平的基础体能和专项体能来支撑。耐力、速度、力量、灵敏和柔韧是足球技战术的五大核心素养，直接决定着其掌握程度和运用效果。所以，根据足球运动独

有特征，结合学生个性特征，制定科学、合理的训练内容，采用有效的训练手段和方法，循序渐进地提高运动员的协调性，促进运动员技战术水平。

二、足球社团协调性训练中存在的主要问题

1. 协调性训练忽略学生的个体差异性

足球社团的学生和专业的足球队人员相比具有多样性特点，有的学生参加过专业训练，有的初次接触足球项目，学生的身体素质、运动能力参差不齐。教师尚未关注到这种差别，只是制定了统一的足球协调性训练内容，这就使得在训练过程中，难以满足运动能力强的学生的实际训练需求，也难以确保身体机能较弱的学生高质量完成训练任务。久而久之，学生主动参与足球社团的兴趣逐渐降低，训练效果可想而知。

2. 协调性训练缺乏计划，训练时间不合理

协调性训练相对耐力、速度、力量及足球技战术训练的重要性来说，没有那么关键，但不代表协调性训练可以取消。目前，足球社团的协调性训练存在明显不足：协调性训练缺乏计划，完全随着教师的训练节奏随意变动。即使开展协调性训练，也是安排在高强度的足球技战术训练之后，训练时间安排不合理。学生经过高强度、长时间的技战术训练之后，身心疲惫，注意力难以集中，此时再进行协调性训练，往往会产生抵触心理，训练效果不言而喻。

3. 协调性训练方法陈旧单一

教师在进行协调性训练时，直接传授动作要领、动作难点，忽视了向学生解释为何要开展协调性训练，导致学生知其然却不知其所以然。训练方法陈旧单一，组织学生一组一组、一轮又一轮的练习，训练方法缺乏多样性、趣味性、创新性，导致协调性训练枯燥无味，达不到缓解学生的抵触心理、提高协调性能力的目的。

三、足球社团协调性训练的策略

1. 抓关键期，订计划，详内容，重评价

足球社团的学生介于6—13岁，正值发育的关键期。教师要抓住关键期，根据足球运动特征、技战术特征，结合学生身心发展水平，按照总体

训练大纲，制订协调性训练计划和详细的训练内容，按时、按期、按质完成相关训练，同时运用多元化评价加强训练效果反馈，以此为依据调整训练计划或内容，循序渐进地提升学生的协调性，深入挖掘学生的足球潜能。

2. 优化训练方法，提升趣味性

协调性的训练方法直接决定着学生协调能力的高低。作为教师，首先主观上要重视协调性训练对学生身体技能及足球技战术掌握与运动的重要性。然后要加强自身业务素养学习，学习先进的训练理念、训练理论与方法，从而根据学生的身心发展水平，优化现有的训练方法，创新训练方法，提升训练的趣味性、多样性、专项性，达到事半功倍的效果。

例如，在传统的训练方法的基础上开展情景训练法、现场模拟法等，丰富训练方法和内容，发挥学生主观能动性，发散学生思维，激发学生的潜能，提高学生协调性训练的质量。

四、结语

协调性训练需要我们抓住关键期，制订训练计划和训练内容，重视训练反馈，不断学习先进的训练理念，优化训练方法，并循序渐进地贯穿每个训练课时和整个训练周期。

第三章

体育社团活动培养小学生体育核心素养的实践

第一节　综合方案展示

不一样的活动，别样的精彩

——苏州高新区长江小学校社团活动指南

为了培养学生的创新精神与实践能力，丰富学生的课余生活，开拓学生的视野，全面推进素质教育，开创教育教学改革的新局面。同时为了全面培养学生的体育核心素养，激发学生对体育社团活动的兴趣，提高学生参与体育社团活动的热情，我们结合学校的实际情况，对在校期间学生体育社团活动进行以下安排。

一、活动课程设置

根据学校的实际情况，遵循“活动应丰富多彩，富有吸引力；充分发挥学生的积极性、主动性；课堂教学和课外活动互相配合，互相促进；符合学生的年龄特征，培养学生的兴趣和特长；因地、因校制宜”五大原则，切实减轻学生的学习负担，使学生在活动中学习，在活动中进步。根据学生的年龄特征、心理特征及兴趣爱好，体育社团活动课程设置如下：羽毛球、篮球、武术、冬季三项、轮滑等。

二、社团组织

负责部门：教务处。

成员：专业任课教师。

三、活动时间

每天课后服务时段。

四、活动形式

以线下形式开展。

五、活动要求

1. 须遵守体育社团的相关规章制度，认真开展活动。

2. 各社团结合活动主题，按期、按质、按时举办体育社团活动（表3-1—表3-7）。

3. 充分利用学校的微信公众号和官方网站等进行宣传。

六、活动措施

（1）建立完整的组织机构，协调各项工作，对阶段性的工作进行监督和给予指导。

（2）配全、配足优良的师资，除了体育教师担任各体育社团的指导教师，聘请学校有特长的教师担任，同时学校给予体育社团各类教学资源，保证各体育社团能够有效地开展活动。

（3）制定体育社团的各项制度，规范社团成员的管理，及时处理好社团出现的各种问题。

（4）每学期结束要对学生做出多元化评价。

（5）给予体育社团展示成果的机会，每学期在期末开展成果展示活动。学校定期组织各类体育比赛，鼓励学生参加竞技比赛，促进体育社团的发展。

（6）将学校开展的各项体育活动比赛成绩列入班级考核之中，班级学生参加区市级以上比赛的获奖成绩可列入指导教师与班主任的年度考核之中，从而提高教师开展体育社团活动的积极性。

七、活动安全

（1）穿运动服装，禁带各类坚硬、锋利的物品。

（2）在指定位置进行规定的项目活动。

（3）要根据身体情况开展活动，身体不适或受伤应立即告知指导教师。

（4）活动时同学间要互相协作、谦让，共同做好安全保护工作。

八、指导教师职责

（1）要加强安全教育，并使学生掌握必要的安全防范知识。

（2）检查学生着装，了解学生的健康状况，合理安排运动量。

（3）活动时，要做好组织工作及安全防护工作，防止意外伤害事故的发生。

（4）如有意外伤害事故发生，要严格按照《伤害突发事件处理办法》进行处理。

（5）和学生一起参与活动。

表 3-1　韵律操社团活动安排

活动内容	活动时间	活动地点
韵律操练习的基本常识	每周三 15:30—16:20	舞蹈房
脚和腿的基本动作	每周三 15:30—16:20	舞蹈房
身体姿势和腿部动作	每周三 15:30—16:20	舞蹈房
足尖步	每周三 15:30—16:20	舞蹈房
滚动步	每周三 15:30—16:20	舞蹈房
跳步	每周三 15:30—16:20	舞蹈房
踏跳步	每周三 15:30—16:20	舞蹈房
交换腿跳	每周三 15:30—16:20	舞蹈房
前摆转体跳	每周三 15:30—16:20	舞蹈房
转体	每周三 15:30—16:20	舞蹈房

续表

活动内容	活动时间	活动地点
韵律操组合动作	每周三 15:30—16:20	舞蹈房
少年韵律操	每周三 15:30—16:20	舞蹈房
“云上太阳”动作创编	每周三 15:30—16:20	舞蹈房
“美丽的花园”动作创编	每周三 15:30—16:20	舞蹈房
“Be Happy”动作创编	每周三 15:30—16:20	舞蹈房
“莎啦啦”动作创编	每周三 15:30—16:20	舞蹈房
“向高山举目”动作创编	每周三 15:30—16:20	舞蹈房

表 3-2　篮球社团活动安排

活动内容	活动时间	活动地点
篮球比赛的基本规则	每周一 15:30—16:20	篮球馆
篮球场地和器材	每周一 15:30—16:20	篮球馆
移动	每周一 15:30—16:20	篮球馆
传、接球技术	每周一 15:30—16:20	篮球馆
投篮	每周一 15:30—16:20	篮球馆
运球	每周一 15:30—16:20	篮球馆
持球突破	每周一 15:30—16:20	篮球馆
个人防守	每周一 15:30—16:20	篮球馆
抢篮板球	每周一 15:30—16:20	篮球馆
篮球基本战术——传切配合	每周一 15:30—16:20	篮球馆
篮球基本战术——策应配合	每周一 15:30—16:20	篮球馆
篮球基本战术——突分配合	每周一 15:30—16:20	篮球馆
篮球基本战术——掩护与挡拆配合	每周一 15:30—16:20	篮球馆
篮球基本战术——快攻	每周一 15:30—16:20	篮球馆

表 3-3　羽毛球社团活动安排

活动内容	活动时间	活动地点
羽毛球比赛的基本规则	每周五 15:30—16:20	羽毛球馆
羽毛球场地和器材	每周五 15:30—16:20	羽毛球馆
基本步法	每周五 15:30—16:20	羽毛球馆
专项步法	每周五 15:30—16:20	羽毛球馆
握拍	每周五 15:30—16:20	羽毛球馆
正手发球	每周五 15:30—16:20	羽毛球馆
发高远球	每周五 15:30—16:20	羽毛球馆
发平高球	每周五 15:30—16:20	羽毛球馆
发平快球	每周五 15:30—16:20	羽毛球馆
发网前球	每周五 15:30—16:20	羽毛球馆
反手发球	每周五 15:30—16:20	羽毛球馆
接发球	每周五 15:30—16:20	羽毛球馆
正手击高远球	每周五 15:30—16:20	羽毛球馆
反手击高远球	每周五 15:30—16:20	羽毛球馆
头顶击高远球	每周五 15:30—16:20	羽毛球馆
反手击平高球	每周五 15:30—16:20	羽毛球馆
杀球	每周五 15:30—16:20	羽毛球馆
前场网上击球	每周五 15:30—16:20	羽毛球馆
吊球	每周五 15:30—16:20	羽毛球馆
下手击球	每周五 15:30—16:20	羽毛球馆
羽毛球游戏	每周五 15:30—16:20	羽毛球馆

表 3-4　武术社团活动安排

活动内容	活动时间	活动地点
武术的起源与发展	每周一 15:30—16:20	田径场
武德修养与武术礼节	每周一 15:30—16:20	田径场
基础训练	每周一 15:30—16:20	田径场
拳掌勾	每周一 15:30—16:20	田径场
冲拳、架拳	每周一 15:30—16:20	田径场
推掌、亮掌	每周一 15:30—16:20	田径场
臂绕环	每周一 15:30—16:20	田径场
轮拍	每周一 15:30—16:20	田径场
马步、弓步	每周一 15:30—16:20	田径场
虚步、仆步	每周一 15:30—16:20	田径场
歇步、丁步	每周一 15:30—16:20	田径场
正压腿、侧压腿、后压腿	每周一 15:30—16:20	田径场
竖叉、横叉	每周一 15:30—16:20	田径场
弹腿、蹬腿、侧踹腿	每周一 15:30—16:20	田径场
伏地后扫腿	每周一 15:30—16:20	田径场
正踢腿、斜踢腿	每周一 15:30—16:20	田径场
侧踢腿、外摆腿	每周一 15:30—16:20	田径场
里合腿、拍脚	每周一 15:30—16:20	田径场
提膝平衡、望月平衡	每周一 15:30—16:20	田径场
组合动作	每周一 15:30—16:20	田径场

表 3-5　冬季三项社团活动安排

活动内容	活动时间	活动地点
跳绳方法	每周三 15:30—16:20	田径场
单人跳绳	每周三 15:30—16:20	田径场
双人跳绳	每周三 15:30—16:20	田径场
单人花样跳绳	每周三 15:30—16:20	田径场
双人花样跳绳	每周三 15:30—16:20	田径场
多人花样跳绳	每周三 15:30—16:20	田径场
集体跳绳	每周三 15:30—16:20	田径场
你追我跳	每周三 15:30—16:20	田径场
跳绳往返接力	每周三 15:30—16:20	田径场
跳绳迎面接力	每周三 15:30—16:20	田径场

表 3-6　棋类社团活动安排

活动内容	活动时间	活动地点
五子棋基本知识	每周五 15:30—16:20	棋苑
五子棋基本术语	每周五 15:30—16:20	棋苑
“三”的分类	每周五 15:30—16:20	棋苑
“四”的分类	每周五 15:30—16:20	棋苑
棋盘	每周五 15:30—16:20	棋苑
棋子	每周五 15:30—16:20	棋苑
记谱方法	每周五 15:30—16:20	棋苑
基本规则（1）	每周五 15:30—16:20	棋苑
基本规则（2）	每周五 15:30—16:20	棋苑
特殊规则	每周五 15:30—16:20	棋苑
比赛术语	每周五 15:30—16:20	棋苑
五子棋开局	每周五 15:30—16:20	棋苑
社团竞赛	每周五 15:30—16:20	棋苑

表 3-7　轮滑社团活动安排

活动内容	活动时间	活动地点
轮滑安全知识	每周二 15:30—16:20	室外篮球场
站立和下落	每周二 15:30—16:20	室外篮球场
原地配速	每周二 15:30—16:20	室外篮球场
初级滑行	每周二 15:30—16:20	室外篮球场
平衡正向滑行	每周二 15:30—16:20	室外篮球场
初级转弯	每周二 15:30—16:20	室外篮球场
转弯	每周二 15:30—16:20	室外篮球场
初级制动	每周二 15:30—16:20	室外篮球场
制动	每周二 15:30—16:20	室外篮球场
中间滑行	每周二 15:30—16:20	室外篮球场
平衡深蹲滑行	每周二 15:30—16:20	室外篮球场
葫芦滑行	每周二 15:30—16:20	室外篮球场
中间转弯	每周二 15:30—16:20	室外篮球场
弓步转弯	每周二 15:30—16:20	室外篮球场
单脚滑行	每周二 15:30—16:20	室外篮球场
中间制动	每周二 15:30—16:20	室外篮球场
复合型制动	每周二 15:30—16:20	室外篮球场
向后滑行	每周二 15:30—16:20	室外篮球场
反向滑行制动停止	每周二 15:30—16:20	室外篮球场
正向滑行转弯至反向滑行	每周二 15:30—16:20	室外篮球场

“快乐小球手，热情无限大”课后服务体育活动方案

为满足学生课后进行体育活动的需求，结合学校课程设置及足球特色，学校的优势，在课后组织学生全员参与趣味足球活动。通过学练赛等趣味化活动，丰富校园生活，培养学生团队合作的精神，增强学生的集体荣誉感。现提出如下实施方案。

一、活动主题

快乐小球手，热情无限大。

二、活动时间

15:30—16:10（1—3 年级参与时段）。

16:30—17:10（4—6 年级参与时段）。

三、活动地点

操场。

四、活动要求

人人有项目，班班有团队，学校有赛事。

五、活动目标

（1）确保学生在课后服务时段参与运动，养成每天锻炼身体的习惯，促进健康成长。

（2）让学生掌握一定的与足球相关的技能，提高学生的基本身体素质。

（3）丰富校园的体育文化，建立和谐的师生关系，增强学生的合作意识、竞争意识及不怕困难、勇于克服困难的意志品质。

六、活动安排

一年级：

学习内容：揉球、夹球跳、夹球跳接力。

方法：① 左脚为支撑脚，右脚前脚掌轻踩球，用脚踝的力量转动球，左右脚交换练习；② 用左右脚的前脚掌夹球向上跳。

组织：

① 揉球要求 15×2 次为一组，要求完成 2 组。

② 夹球跳要求 10×3 次为一组，要求完成 2 组。

③ 夹球跳接力要求每组 6 人，一人跳完 15 次后，换下一人跳，最先跳完的组获胜。

规则：

练习者不可以用手碰球，在练习中保证练习的次数。

二年级：

学习内容：踩球、推拉球、拨球。

方法：① 双脚交换跳起踩球；② 左脚为支撑脚，右脚踩球原地向左、向右分别推拉球，左右脚交换练习；左脚为支撑脚，右脚踩球原地顺时针和逆时针分别推拉球，左右脚交换练习；左脚为支撑脚，右脚踩球原地向前和向后分别推拉球，左右脚交换练习；③ 分别用左右脚的脚内侧交替拨球。

组织：

① 踩球要求 15×2 次为一组，要求完成 2 组。

② 推拉球要求 10×3 次为一组，要求完成 2 组。

③ 拨球要求 20×3 次为一组，要求完成 2 组。

规则：

① 练习者不可以用手碰球，在练习中保证练习的次数。

② 踩球时必须踩在球的上方。

三年级：

学习内容：运球、踢固定球、运球接力。

方法：① 运球：运球时身体自然放松，上体稍前倾，步幅稍微小一点，手臂屈肘自然摆动。膝关节也要微屈，脚跟提起，脚背绷紧，脚尖向下，迈步前伸，着地前，用脚背正面推拨球前进；② 踢球时，腿的摆动是顺势向后摆起，在支撑脚着地时，以髋关节为轴，大腿带动小腿由后向前摆踢球；③ 运球接力：将学生分成人数相等的两队，成纵队站在起点线后，各队间隔 5 米，各队前放一只足球。教师发出指令后，各队排在最前面的学生直线运球到标志桶处，再从标志桶处用相同方法运球回队伍，将球交给下一名同学，下一名同学接力出发，直至最后一人，先完成的组获胜。

组织：

① 运球要求 10 ×2 次为一组，要求完成 2 组。

② 踢固定球要求 20 ×3 次为一组，要求完成 3 组。

③ 运球接力要求每组 6 人，一人练习完后换下一人练习，最先完成的组获胜。

规则：

① 练习者不可以用手碰球，在练习中保证练习的次数。

② 接力赛中，学生必须到达标志桶处才能折返，否则算犯规并取消成绩；不得踢球，接力赛过程中如果足球失去控制，必须自己拿回来，不得让队友帮助取回，否则算犯规并取消成绩。

四年级：

学习内容：挑球、颠球、连续颠球。

方法：① 前脚掌踩球，快速后撤拉球至脚面，顺势将球从地面铲起来，两手接球。② 勾脚屈膝，向前上方摆动，用脚背正面击球底部正下方。③ 前脚掌踩球，快速后撤拉球至脚面，顺势将球从地面抛起，连续此动作。

组织：

（1）挑球要求 10 ×2 次为一组，要求完成 2 组。

（2）颠球要求 5 ×5 次为一组，要求完成 3 组。

（3）连续颠球要求每组 6 人，每人练习 5 个，完成后换下一人练习，最先完成的组获胜。

规则：

（1）球要从地面被挑起。

（2）球要离开脚面。

（3）连续颠球。

五年级：

学习内容：正脚背踢球、头顶球、运球与射门。

方法：① 正脚背踢球，脚尖正对出球方向，膝稍弯曲，踢球腿先后摆，膝盖弯曲，由大腿带动小腿发力，当大腿前摆至于地面垂直位置时，小腿前摆发力。踢球腿触球的一瞬间，和地面保持 45 度角。脚背绷直，用脚背正面结合少许脚踝部位触球。② 前额正面头顶球，两脚前后站立，身体正对来球；上体稍稍后仰，两眼盯住来球；蹬地快速收腹，头要加速前摆，前额主动击球。③ 射门前控制好运球的力量与速度，确定支撑腿的位置，射门时小腿加速前摆，脚弓紧绷发力。

组织：

（1）正脚背踢球 8 ×2 次为一组，要求完成 2 组。

（2）头顶球 2 ×5 次为一组，要求完成 8 组。

（3）运球与射门要求完成 6 组。

规则：

（1）踢球部位是脚的正脚背。

（2）头顶球部位是前额正面。

六年级：

学习内容：运球与射门、五人制。

方法：① 前额正面头顶球，两脚前后站立，身体正对来球；上体稍稍后仰，两眼盯住来球；蹬地快速收腹，头要加速前摆，前额主动击球。

② 比赛在长约 45 米、宽约 28 米的场地上进行。两端的防守区长度为 11 米，中场区长度为 23 米，场地中央设一开球点，球门宽 3 米，高 2 米，比赛使用 4 号球；比赛双方各出场 5 名球员，设守门员，每队每场替补队员人数和人次不限，可轮换休息；全场比赛时间为 40 分钟，分上、下半场，各 20 分钟，中间休息 10 分钟；比赛无越位限制，角球和任意球可直接射门得分，队员被红牌罚下，替补队员可替补。

组织：

运球与射门 2 次为一组，要求完成 8 组。

规则：

（1）头顶球部位是前额正面。

（2）依照五人制足球比赛规则进行。

七、活动保障

（1）教研组规划场地，准备相关活动器材。

（2）学校做好全校学生、教师、家长对课后服务“快乐小球手，热情无限大”活动的宣传。

八、突发伤害事件处理措施

（1）伤情发生后，任课教师必须第一时间对伤者进行处理，了解伤者情况、判断伤情。受伤严重的，必须立即通知学校领导，并及时联系校医将伤者送医院观察治疗或打 120 急救。

（2）及时通知家长或监护人，妥善做好沟通、安慰工作。

（3）保护现场，了解事故的发生过程，调查事故的原因，做好有关记录并明确责任。

第二节　多样体育社团活动设计汇总

田径社团跨越式跳高活动设计

一、活动意义

本活动以“健康第一”为指导思想，以促进学生身心健康发展及培养学生兴趣爱好为出发点，面向全体学生，关注个体差异，运用自主、合作、探究等学习方式，培养学生的创新意识与实践能力，充分体现学生的主体地位，让学生在活动的过程中获得乐趣，为实现教学目标打下良好的基础。

二、学情分析

学生为五年级学生，共30人左右。学生对跨越式跳高动作进行了初步的学习，但是对跨越式跳高的技术还是感到比较生疏，需要教师采用科学的教学方式引导，从而提高学生的跳跃能力。

三、活动目标

（1）能积极、勇敢地进行自我尝试练习，大胆展示自己的动作，并能认真观察和评价同伴的动作。

（2）在活动中掌握动作技术并安全开展活动。

（3）在活动中尊重和关爱同学，主动保护其他同学，提高安全和责任意识。

四、活动重点与难点

活动重点：助跑与起跳的衔接，过杆动作的协调。

活动难点：准确的助跑节奏，起跳的时机和力量控制。

五、活动流程

1. 准备部分

教师组织学生回忆上节课所学习的助跑与起跳动作，引入本次课的学习内容，进一步学习跨越式跳高的过杆动作等。教师设置情景森林运动会，组织学生模仿动物走路，其间配乐完成准备活动操。

2. 基本部分

首先，教师组织学生观看视频，并设置问题，激起学生的学习兴趣。其次，教师讲述动作要领，接着组织分层学练，学练顺序为：① 复习助跑起跳练习；② 原地摆腿起跳练习；③ 完整练习；④ 分高度练习。教师将学生按照技术掌握程度分为四组。在练习过程中教师加强巡视并纠正学生的动作。学生跳跃时注意上半身前倾。

3. 结束部分

在教师的口令下，学生进行深呼吸的放松练习。教师总结学练情况。

六、活动前准备

场地器材：皮筋 20 根，音响设备 1 套，标志筒 6 只。

七、预计活动的运动负荷

预计在活动中学生的平均心率为 140 次/分，练习密度为 42%，强度指数为 1.4。

田径社团活动教案

社团名称		田径社团	
活动内容	跨越式跳高与游戏。		
活动目标	1. 能积极、勇敢地进行自我尝试练习，大胆展示自己的动作，并能认真观察和评价同伴的动作。 2. 在活动中掌握动作技术并安全开展活动。 3. 在活动中尊重和关爱同学，主动保护其他同学，提高安全和责任意识。		
活动重点	助跑与起跳的衔接，过杆动作的协调。	活动难点	准确的助跑节奏，起跳的时机和力量控制。

续表

具体内容	要求	活动方法		组织形式	运动负荷		
		教师活动	学生活动		次数/次	时间	强度
活动常规： 1. 整队。 2. 师生问好。 3. 安排见习生，说明活动内容和要求。	强化纪律和安全意识。	话语提示，启发与互动。	整队快、静、齐，一切听从指挥。	四列横队： × × × × × × × × × × ○○○○○ ○○○○○ ★			
1. 玩小游戏“跳跳乐”。 2. 自我尝试跨越练习。	保持正确的身体姿势，精神饱满。	口令指挥，示范与启发，评价与激励。	集体练习，听口令。	四列横队， 圆形跑道。	1	2 分	小
韵律操： 上肢、体侧、体转、腹背、下蹬、跳跃、整理等。	精神饱满，充满活力，富有激情，积极参与动作练习。	音乐伴奏，示范与启发，话语提示。	集体练习。	—	7 节 4×8	2 分 30 秒	中 中
【设计意图】组织学生自我尝试越过有一定高度的皮筋，帮助学生进入上课状态。玩小游戏“跳跳乐”可以让学生快速集中注意力，为本活动学习做好铺垫；通过韵律操，学生在音乐的伴奏下欢快地完成练习，在热身的同时激发自身的运动热情。							
1. 专项辅助练习，玩游戏“剪刀腿”。 2. 助跑、原地跨越一定高度。	1. 知道跨越式跳高动作的要领，并能积极参与练习。 2. 培养团队合作精神。	1. 说明要求，强调活动安全性。 2. 观察并指导。 3. 评价和总结，导入本课内容。 4. 讲明要求。 5. 示范动作方法，强调动作重难点。 6. 提示动作。 7. 巡视并参与练习，指导动作。 8. 积极指导练习。 9. 组织动作并展示。 10. 举行小组比赛。	1. 自由组织练习。 2. 积极投入练习。 3. 认真听讲。 4. 尝试练习。 5. 积极参与动作展示。 6. 边想边练习。 7. 根据要求主动练习。 8. 主动参与。 9. 认真观看。 10. 积极参与。	体育馆分成 10 组站位。 × ○○○○ ○○○○ ○○○○ ○○○○ ○○○○ ★	3—4 2—3 3—4 2—3 1—2 1—2	1 分 2 分 30 秒 1 分 30 秒 1 分 30 秒 30 秒	中 中 中 | 大
【设计意图】贴近学生的生活实际，用游戏引导学生进行原地练习，再到跨越式跳高动作，在活动中让学生体会跨越式跳高在生活中的应用，感受运动带来的快乐。							

续表

<table>
<tr><th rowspan="2">具体内容</th><th rowspan="2">要求</th><th colspan="2">活动方法</th><th rowspan="2">组织形式</th><th colspan="3">运动负荷</th></tr>
<tr><th>教师活动</th><th>学生活动</th><th>次数/次</th><th>时间</th><th>强度</th></tr>
<tr><td>游戏“翻山越岭”。游戏方法：将学生分成 6 组，每组前后相距 1 米左右。各组听到发令后，第一名同学出发，连续跨过有一定高度的皮筋，然后回到原点与下一名同学击掌，下一名同学再继续上一名同学的行为。最先完成的组获胜。</td><td>1. 哨音响时开始比赛。
2. 每人快速跨过有一定高度的皮筋。</td><td>1. 讲明游戏的方式和方法。
2. 提醒注意事项。
3. 组织讨论游戏体会。
4. 加大游戏难度，总结并提出要求。
5. 组织小组比赛。
6. 引导和总结。</td><td>1. 组长带领组内学生尝试练习。
2. 聆听游戏要求。
3. 分组练习，6 人一组。
4. 积极练习，主动参与。
5. 学会自评和互评。</td><td>四列横队：
××○○○▲
××○○○▲
××○○○▲
××○○○▲
××○○○▲
××○○○▲
★</td><td>1
1—2
1—2</td><td>1 分
2 分
30 秒
2 分</td><td>大
|
中</td></tr>
<tr><td colspan="8">【设计意图】在游戏“翻山越岭”中融入了快速跑和跨越的方式和方法，让学生在游戏中掌握跳的方法，培养学生快速反应能力，同时一物多用，最大程度发挥器材的作用。</td></tr>
<tr><td>瑜伽放松（在音乐的伴奏下）。</td><td>通过呼吸放松身体，调节心情。</td><td>带领学生一起练习。
提示要求，启发并激励学生。</td><td>跟随教师一起练习。</td><td>放松队形：
××××××
××××××
○○○○○○
○○○○○○
★</td><td>1</td><td>1 分
30 秒</td><td>小</td></tr>
<tr><td>1. 总结活动。
2. 收还器材。
3. 师生再见。</td><td>进行自评和互评。</td><td>启发学生小结，教师评价。</td><td>自评和互评。</td><td>四列横队。</td><td>1</td><td></td><td>小</td></tr>
<tr><td colspan="8">【设计意图】通过瑜伽放松身体，将体育社团活动作为体育课的补充，帮助学生逐渐养成自主锻炼的习惯。</td></tr>
</table>

<table>
<tr><td colspan="6">预计效果</td><td>场地器材</td><td>皮筋 20 根，音响设备 1 套，标志筒 6 只。</td></tr>
<tr><td>平均心率</td><td>140 次/分</td><td>练习密度</td><td>42%</td><td>强度指数</td><td>1.4</td><td rowspan="4">活动小结</td><td rowspan="4"></td></tr>
<tr><td colspan="3">愉悦感</td><td colspan="3">对今后活动的期望度</td></tr>
<tr><td>好</td><td>中</td><td>差</td><td>强</td><td>中</td><td>弱</td></tr>
<tr><td></td><td></td><td></td><td></td><td></td><td></td></tr>
</table>

注：“×”代表女生；“○”代表男生；“★”代表教师。下同。

田径社团跨栏跑活动设计

一、活动意义

本活动以“健康第一”为指导思想，以促进学生身心发展为出发点，关注学生的兴趣爱好，并引导学生自主探究学习、思考，以学生发展为中心，注重培养学生的学习能力。

二、学情分析

此次活动对象为三至六年级的学生，他们此前学习了快速跑、跨越式跳高等内容之后，身体素质有了很大的提高，具有了较好的运动能力，但是要掌握跨栏跑的技术，还需要教师的指导。

三、内容分析

跨栏是田径类运动项目之一，属于速度性竞赛项目，主要突出跑跨结合的能力，反映的是连续跨越障碍的能力，技术比较复杂，但具有实用价值，对发展速度、灵敏素质和协调性有良好作用，对培养学生坚韧不拔的意志品质十分有益。在技术结构上包括起跑到第一个栏、跨栏步、栏间跑和终点跑技术四个环节。教师采用分层和小组问题式教学，帮助学生快速掌握跨栏跑运动技能，提高跨越障碍的能力。

四、活动目标

1. 知道跨栏跑的动作名称与方法。
2. 做出摆动腿和攻栏腿的动作。
3. 培养不怕困难、勇于战胜困难的意志品质。

五、活动重点和难点

重点：知道起跨攻栏、腾空过栏和下栏着地的过程，以及摆动臂和下压腿的配合。

难点：栏间距的速度控制，栏间跑和攻栏的衔接。

六、活动前准备

场地器材：跨栏架 25 个。

七、预计活动的运动负荷

预计学生的平均心率为 145 次/分，练习密度为 52.5%，强度指数为 1.5。

田径社团活动教案

<table>
<tr><td colspan="3">社团名称</td><td colspan="5">田径</td></tr>
<tr><td>活动内容</td><td colspan="7">跨栏跑与游戏。</td></tr>
<tr><td>活动目标</td><td colspan="7">1. 知道跨栏跑的动作名称与方法。
2. 做出摆动腿和攻栏腿的动作。
3. 培养不怕困难、勇于战胜困难的意志品质。</td></tr>
<tr><td>活动重点</td><td colspan="2">知道起跨攻栏、腾空过栏和下栏着地的过程，以及摆动臂和下压腿的配合。</td><td>活动难点</td><td colspan="4">栏间距的速度控制，栏间跑和攻栏的衔接。</td></tr>
<tr><td rowspan="2">具体内容</td><td rowspan="2">要求</td><td colspan="2">活动方法</td><td rowspan="2">组织形式</td><td colspan="3">运动负荷</td></tr>
<tr><td>教师活动</td><td>学生活动</td><td>次数/次</td><td>时间</td><td>强度</td></tr>
<tr><td>活动常规：
1. 整队。
2. 师生问好。
3. 安排见习生，宣布活动内容和要求。</td><td>要有纪律和安全意识。</td><td>语言提示，示范与启发。</td><td>整队快、静、齐。
服从指挥。</td><td>四列横队：
× × × × ×
× × × × ×
○○○○○
○○○○○
★</td><td></td><td></td><td></td></tr>
<tr><td>1. 玩小游戏“剪刀、石头、布”。
2. 尝试跨栏练习。</td><td>保持正确的身体姿势，精神饱满。</td><td>口令指挥，示范与启发，评价与激励。</td><td>集体练习。</td><td>四列横队。</td><td>1</td><td>2 分</td><td>小</td></tr>
</table>

续表

具体内容	要求	活动方法		组织形式	运动负荷		
		教师活动	学生活动		次数/次	时间	强度
徒手操： 上肢、体侧、体转、腹背、下蹬、跳跃、整理等。	精神饱满，充满活力，富有激情，积极参与动作练习。	示范动作，语言提示。	集体练习。	××× ○ ○ ★ ○ ○ ×××	9节 4×8	3分	中
【设计意图】组织学生尝试越过栏架，促使学生快速进入上课状态。玩小游戏“剪刀、石头、布”，让学生快速集中注意力，为本课学习做好铺垫；通过徒手操，学生热身的同时激发自身的运动热情。							
1. 尝试各种跨栏的动作。 2. 讲解跨栏的动作。 3. 让学生知道攻栏腿与摆动腿并示范。 4. 原地尝试练习摆动腿与攻栏腿。 5. 栏侧练习。	注意力集中，大胆尝试练习。	1. 说明要求，强调活动的安全性。 2. 观察并指导。 3. 评价和总结，导入本课内容。 4. 讲明要求。 5. 示范动作方法，突出重难点。	1. 自由组织练习。 2. 积极投入练习。 3. 认真听讲。 4. 尝试练习。 5. 积极参与动作展示。	四列横队 ×××××× ×××××× ○○○○○○ ○○○○○○ ★	3—4 4—6 2—3 2—3 4—6	1分 3分10秒 2分 2分 3分	中 中 中—大
【设计意图】贴近学生生活实际，安排不同人次的练习，让每个学生都能大胆地尝试练习。							
游戏“障碍跑”。 游戏方法：学生分成6组，前后相距1米左右。从栏侧摆动腿过栏杆，到达标志筒终点处，折返跑回起点，与下一位同学击掌，下一位同学再出发。	游戏规则： 1. 哨音响时开始比赛。 2. 快速跑出，按要求过栏杆。 3. 多次进行比赛。	1. 讲明游戏的方式和方法。 2. 提醒注意事项。 3. 组织讨论练习体会。	1. 组长带领组内学生尝试练习。 2. 聆听练习要求。 3. 分组比赛，5～6人一组。	六列横队： ××○○○ ▲ ××○○○ ▲ ××○○○ ▲ ××○○○ ▲ ××○○○ ▲ ××○○○ ▲ ★	1 1—2	1分 2分30秒	大—中
【设计意图】游戏“障碍跑”融入了跨栏的方式和方法，让学生在游戏中继续体会跨栏的要领，培养学生的快速反应能力。							

续表

<table>
<tr><th rowspan="2">具体内容</th><th rowspan="2">要求</th><th colspan="2">活动方法</th><th rowspan="2">组织形式</th><th colspan="3">运动负荷</th></tr>
<tr><th>教师活动</th><th>学生活动</th><th>次数/次</th><th>时间</th><th>强度</th></tr>
<tr><td>呼吸放松。</td><td>通过调整呼吸节奏放松身体、调节心情。</td><td>示范动作，启发和激励。</td><td>跟随教师一起练习。</td><td>放松队形：
××××××
××××××
○○○○○○
○○○○○○
★</td><td>1</td><td>1分30秒</td><td>小</td></tr>
<tr><td>1. 总结活动。
2. 收还器材。
3. 师生再见。</td><td>能进行自评和互评。</td><td>启发学生小结，并对学生进行评价。</td><td>自评和互评。</td><td>四列横队。</td><td>1</td><td></td><td>小</td></tr>
<tr><td colspan="8">【设计意图】呼吸放松，交流学习感受，分享自己在活动中的收获。</td></tr>
</table>

<table>
<tr><td colspan="6">预计效果</td><td>场地器材</td><td>跨栏架25个。</td></tr>
<tr><td>平均心率</td><td>145次/分</td><td>练习密度</td><td>52.5%</td><td>强度指数</td><td>1.5</td><td rowspan="4">活动小结</td><td rowspan="4"></td></tr>
<tr><td colspan="3">愉悦感</td><td colspan="3">对今后活动的期望度</td></tr>
<tr><td>好</td><td>中</td><td>差</td><td>强</td><td>中</td><td>弱</td></tr>
<tr><td></td><td></td><td></td><td></td><td></td><td></td></tr>
</table>

注："▲"代表标志筒。下同。

田径社团负重耐久跑活动设计

一、活动意义

本活动以学生发展为中心，坚持以“健康第一，终身体育”理念为指导思想，培养学生的创新精神与实践能力。师生共同营造愉悦的活动氛围，通过各种方式激发学生参与活动的兴趣，让学生充分感受体育活动的快乐；在活动中培养学生的探究和合作能力，为学生健康成长奠定良好的基础。

二、学情分析

四年级的学生接受能力强，想象力丰富，敢于表现自我，有一定的运动能力，但自控能力不足。负重耐久跑是比较枯燥的学习内容，教师须将教学内容设计得新颖，通过情境创设、游戏活动等，引导学生自主体验并掌握相关的技能。

三、活动目标

1. 掌握耐久跑的基本动作与呼吸节奏。
2. 培养学生直面挑战的果敢勇气，培养学生坚持不懈的意志品质。

四、活动重点和难点

活动重点：三步一呼、三步一吸的呼吸方法。

活动难点：跑动自然，有节奏。

五、活动流程

1. 准备部分

教师组织学生模仿上学情境，使学生明确本节课的学习内容，激发他们的学习热情，使每个学生都以饱满的热情、强烈的参与意识投入活动之中。

2. 基本部分

学生通过 iPad 教具，跟随视频自主尝试，学习和体会跑的呼吸方法和节奏。同时，教师对耐久跑中的呼吸方法和节奏进行讲解，带领学生在踏步和跑步中体会动作要领，使学生快速掌握呼吸方法和节奏，提高技能。在耐久跑教学过程中，教师通过情境教学的上学途中跑、课间冬季长跑、放学途中跑、跑图形、跑安全号码等多种游戏方法，让学生进行耐久跑练习，将枯燥乏味的教学内容变得有趣，提高学生的运动兴趣，让学生快速掌握耐久跑的呼吸方法。最后两个趣味体能游戏，让学生进行素质练习，遵循学生上下肢协调发展的原则，让学生得到全面的锻炼。

3. 结束部分

教师用概括、激励的语言总结评价。

六、活动前准备

场地器材：iPad 4 部，地标垫 40 个，数字贴 40 个，字母贴 32 个，音响设备 1 套。

七、预计活动的运动负荷

预计活动中的平均心率为 150 次/分，练习密度为 55%，强度指数为 1.5。

田径社团活动教案

<table>
<tr><td colspan="4">社团名称</td><td colspan="4">田径</td></tr>
<tr><td>活动内容</td><td colspan="7">耐久跑与游戏。</td></tr>
<tr><td>活动目标</td><td colspan="7">1. 掌握耐久跑的基本动作与呼吸节奏。
2. 培养学生直面挑战的果敢勇气，培养学生坚持不懈的意志品质。</td></tr>
<tr><td>活动重点</td><td colspan="3">三步一呼、三步一吸的呼吸方法。</td><td>活动难点</td><td colspan="3">跑动自然，有节奏。</td></tr>
<tr><td rowspan="2">具体内容</td><td rowspan="2">要求</td><td colspan="2">活动方法</td><td rowspan="2">组织形式</td><td colspan="3">运动负荷</td></tr>
<tr><td>教师活动</td><td>学生活动</td><td>次数/次</td><td>时间</td><td>强度</td></tr>
<tr><td>一、活动常规
1. 检查人数、服装。
2. 师生问好。
3. 安排见习生，宣布本课内容。</td><td>精神饱满，身体状态良好。</td><td>1. 话语提示。
2. 启发互动。</td><td>1. 整队。
2. 认真听讲。</td><td>四列横队：
×××××××××
×××××××××
○○○○○○○○○
○○○○○○○○○
★</td><td>1</td><td></td><td></td></tr>
<tr><td>二、情境导入
背书包模仿上学时的情境，完成热身准备。</td><td>精神饱满，动作到位、有力。</td><td>1. 音乐伴奏。
2. 参与热身活动。
3. 话语提示。</td><td>1. 集体练习。
2. 听口令。
3. 积极参与。</td><td>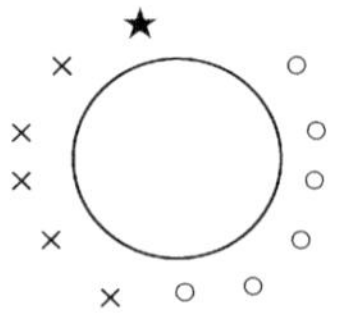</td><td>1</td><td>4 分</td><td>中</td></tr>
<tr><td colspan="8">【设计意图】组织学生模仿上学的情境，在跑的过程中加入跑的专向性练习，让学生在音乐的伴奏下完成热身练习，激发学生的运动热情，培养学生的运动品质。</td></tr>
</table>

续表

具体内容	要求	活动方法		组织形式	运动负荷		
		教师活动	学生活动		次数/次	时间	强度
三、情境教学 1. 学生模仿课间冬季长跑情境。 2. 教师组织学生在小组长的带领下，在 iPad 上看视频，学习呼吸方法和节奏。	注意力集中。	1. 引导学生掌握呼吸节奏和方法。	1. 认真练习，体会呼吸的方法与节奏。	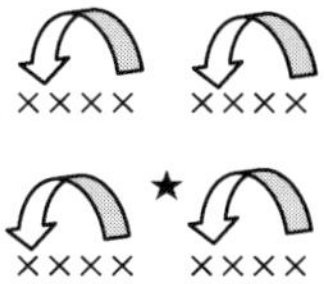	1	2 分	中
3. 教师集中讲解呼吸方法与节奏。		2. 组织学生跟随视频自主学习呼吸方法和节奏。	2. 认真观察并体会呼吸的方法和节奏。		2—3	2 分 30 秒	小
4. 模仿课间冬季长跑。	认真练习。	3. 组织学生进行呼吸方法与节奏的练习。	3. 跟随教师进一步巩固呼吸时的要领。	集中队形。	2—3	1 分	中下
5. 模仿放学途中跑（下雨天、过马路、上坡跑、下坡跑等）。		4. 以小组为单位，运用长跑的呼吸节奏，以中等速度按照右侧的图形跑。	4. 按要求认真练习。	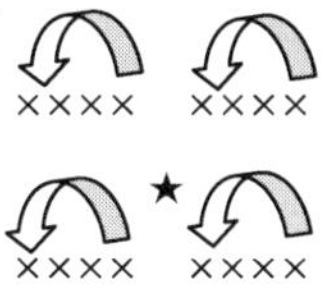	4—5	2 分 30 秒	中上
6. 跑电话号码、安全号码等。	积极参与。	5. 引导学生在各种跑中掌握呼吸方法与节奏。	5. 明白练习要求，认真按要求练习。	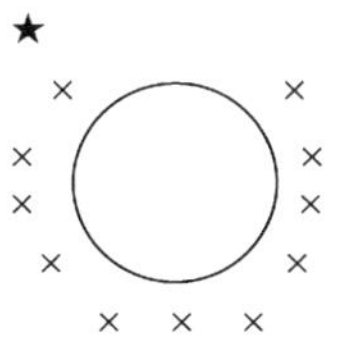	3—5	2 分 30 秒	中上
		6. 组织学生分组跑电话号码、安全号码等。		四小组分散练习。	5—6	2 分	中上

【设计意图】通过图形跑等游戏进行耐久跑教学，将枯燥乏味的教学内容变得有趣，提高学生的运动兴趣。学生在跑的过程中不仅锻炼了身体，锻炼了大脑，还培养了坚韧不拔的意志品质。

续表

<table>
<tr><th rowspan="2">具体内容</th><th rowspan="2">要求</th><th colspan="2">活动方法</th><th rowspan="2">组织形式</th><th colspan="3">运动负荷</th></tr>
<tr><th>教师活动</th><th>学生活动</th><th>次数/次</th><th>时间</th><th>强度</th></tr>
<tr><td>四、体能练习</td><td>认真练习。</td><td>1. 讲解体能练习的方法并示范。
2. 让学生跟随音乐节奏进行练习。
3. 进行评价，再次练习。
4. 点评与小结。</td><td>1. 认真听讲，积极配合。
2. 按要求认真练习。</td><td>×××× ××××
×××× ××××

×××× ××××
×××× ××××
★</td><td>1</td><td>4 分</td><td>中上</td></tr>
<tr><td colspan="8">【设计意图】“支撑转换”体能游戏根据音乐节奏变换动作的练习方式。体能练习一：进行核心力量的训练。体能练习二：遵循上下肢协调发展的原则，锻炼上肢力量，让学生得到全面锻炼。</td></tr>
<tr><td>五、放松操《我和我的祖国》。</td><td>积极参与，动作自然。</td><td>1. 话语提示。
2. 参与活动。</td><td>集体跟随教师练习。</td><td>×××× ××××
×××× ××××

×××× ××××
×××× ××××
★</td><td>1</td><td>2 分 40 秒</td><td>小</td></tr>
<tr><td>六、小结本课
1. 归还器材。
2. 布置作业。
3. 师生再见。</td><td>客观地进行自评和互评。</td><td>1. 总结学习情况。
2. 布置课外作业。
3. 宣布下课。</td><td>1. 自评和互评。
2. 归还器材。</td><td>×××××××××
×××××××××
×××××××××
×××××××××
★</td><td></td><td></td><td></td></tr>
<tr><td colspan="8">【设计意图】把体育锻炼延伸到课外，教师简单介绍长跑后的注意事项，让学生了解相关的运动知识，帮助学生逐渐养成自主锻炼的习惯。</td></tr>
</table>

<table>
<tr><td colspan="6">预计效果</td><td>场地器材</td><td>iPad 4 部，地标垫 40 个，数字贴 40 个，字母贴 32 个，音响设备 1 套。</td></tr>
<tr><td rowspan="2">运动负荷</td><td>平均心率</td><td colspan="2">练习密度</td><td colspan="2">强度指数</td><td rowspan="5">活动小结</td><td rowspan="5"></td></tr>
<tr><td>150 次/分</td><td colspan="2">55%</td><td colspan="2">1.5</td></tr>
<tr><td colspan="3">愉悦感</td><td colspan="3">对今后活动的期望度</td></tr>
<tr><td>好</td><td>中</td><td>差</td><td>强</td><td>中</td><td>弱</td></tr>
<tr><td></td><td></td><td></td><td></td><td></td><td></td></tr>
</table>

无线电测向社团 80 米短波距离测向活动设计

一、活动意义

通过短波距离测向活动，学生了解无线电发展史，熟悉莫尔斯电码，掌握无线电测向定向基本理论知识、测向技术，掌握 80 米短波距离测向方法，增加知识储备。通过 80 米短波距离测向，逐渐提高学生的专注力、意志力、判断力、方向感等，同时培养学生团队合作精神和社会交际能力。

二、学情分析

本活动的授课对象是小学四年级学生。该年龄段的学生好动，对体育活动有广泛的兴趣，模仿能力强，但容易将相近动作混淆，时间感和空间感较差；注意力不够集中，不易持久。

三、活动目标

（1）知道 80 米短波距离测向的特点，掌握其测向方法和要领。

（2）培养学生不怕困难、勇敢拼搏的意志品质。

四、活动重点和难点

活动重点：知道 80 米短波距离测向的特点，掌握短波距离测向的方法和要领。

活动难点：搜寻电台的方法。

五、活动流程

1. 准备部分

学生通过认识测向机器，学习使用方法，自由尝试动作练习，激发自主学习的激情，为下面的学习奠定良好的基础。

2. 基本部分

贴近学生生活实际，教师采用引导练习导入，接着运用搜寻电台的方法，寻找场地内的电台，让学生体会寻找过程中的音量强弱变化，感受运动带来的快乐，从而达成预期的教学目标。

3. 拓展练习

通过“小小侦察兵”游戏，学生成为学习的主体，继续寻找电台，培养快速反应能力，体验成功的喜悦。

六、活动前准备

场地器材：机器若干台，投影和音响设备各1套。

七、预计活动的运动负荷

预计学生的平均心率为146次/分，练习密度为46%，强度指数为1.4。

无线电测向社团活动教案

<table>
<tr><td colspan="3">社团名称</td><td colspan="5">无线电测向</td></tr>
<tr><td>活动内容</td><td colspan="7">80米短波距离测向游戏“小小侦察兵”。</td></tr>
<tr><td>活动目标</td><td colspan="7">1. 知道80米短波距离测向的特点，掌握其测向方法和要领。
2. 培养学生不怕困难、勇敢拼搏的意志品质。</td></tr>
<tr><td>活动重点</td><td colspan="3">知道80米短波距离测向的特点，掌握短波距离测向的方法和要领。</td><td>活动难点</td><td colspan="3">搜寻电台的方法。</td></tr>
<tr><td colspan="2" rowspan="2">具体内容</td><td rowspan="2">要求</td><td colspan="2">活动方法</td><td rowspan="2">组织形式</td><td colspan="3">运动负荷</td></tr>
<tr><td>教师活动</td><td>学生活动</td><td>次数/次</td><td>时间</td><td>强度</td></tr>
<tr><td colspan="2">活动常规：
1. 整队。
2. 师生问好。
3. 安排见习生，宣布活动内容及要求。</td><td>注意纪律和安全。</td><td>语言提示，启发与互动。</td><td>整队快、静、齐。
一切听从指挥。</td><td>四列横队：
× × × × ×
× × × × ×
○○○○○
○○○○○
★</td><td></td><td></td><td></td></tr>
<tr><td colspan="2">讲解机器的握法和手型。</td><td>保持正确的身体姿势，精神饱满。</td><td>口令指挥，示范与启发，评价与激励。</td><td>集体练习，听口令。</td><td>四列横队。</td><td>1</td><td>2分</td><td>小</td></tr>
<tr><td colspan="2">准备活动：
无线电测向专项准备活动。</td><td>精神饱满，充满活力，富有激情，积极参与动作练习。</td><td>音乐伴奏，示范与启发，语言提示。</td><td>集体练习。</td><td>四列横队。</td><td>8节
4×8</td><td>2分30秒</td><td>中</td></tr>
</table>

续表

<table>
<tr><td colspan="8">【设计意图】组织学生探索机器的正确握法，让学生尽快进入上课状态；让学生在音乐的伴奏下快乐地完成练习，指导学生热身的同时激发学生的运动热情。</td></tr>
<tr><td rowspan="2">具体内容</td><td rowspan="2">要求</td><td colspan="2">活动方法</td><td rowspan="2">组织形式</td><td colspan="3">运动负荷</td></tr>
<tr><td>教师活动</td><td>学生活动</td><td>次数/次</td><td>时间</td><td>强度</td></tr>
<tr><td>无线电测向 80 米短波距离测向。</td><td>知道 80 米短波距离测向的方法及动作要领，并能积极练习。
培养团队合作精神。
练习时注意安全。</td><td>1. 强调活动的安全性。
2. 观察并指导。
3. 评价小结，导入本课内容。
4. 讲明要求。
5. 示范动作方法。
6. 提示动作。
7. 巡视并参与练习，指导动作。
8. 积极指导练习。
9. 组织动作展示。</td><td>1. 自由组织练习。
2. 积极投入练习。
3. 认真听讲。
4. 尝试练习。
5. 积极参与动作展示。
6. 一边做一边想。
7. 根据要求主动练习。
8. 主动参与。
9. 认真观看。</td><td>四列横队。</td><td>3—4
5—6
2—3
4—6
3—4
1—2</td><td>1 分
2 分
2 分
30 秒
1 分 30 秒
1 分</td><td>中
中
中—大</td></tr>
<tr><td colspan="8">【设计意图】贴近学生的生活实际，用引导练习导入，通过 80 米短波距离测向动作特点的讲解，学生开动脑筋，初步体验寻找电台的乐趣。</td></tr>
<tr><td>玩游戏“小小侦察兵”。
游戏方法：
学生分成 7 组找电台，在规定时间内找到电台台数最多的队伍获胜。</td><td>游戏规则：
1. 哨音响时开始比赛。
2. 每组同时出发，队员轮流找电台。
3. 变化游戏形式，提高游戏难度，强调游戏安全。
4. 敢于竞争。</td><td>1. 讲明游戏的方式和方法。
2. 提示注意事项。
3. 组织讨论练习体会。
4. 加大练习难度，总结并提出要求。
5. 组织再次展示。
6. 引导学生小结。</td><td>1. 组长带领组内学生尝试练习。
2. 聆听练习要求。
3. 分组练习，5—6 人一组。
4. 积极练习，主动参与。
5. 自我练习。
6. 学会自评和互评。</td><td>七列横队：
×××××
×××××
○○○○○
○○○○○
×××××
×××××
○○○○○</td><td>1
1—2
1—2</td><td>1 分
2 分 30 秒
2 分 30 秒</td><td>大—中</td></tr>
<tr><td colspan="8">【设计意图】游戏“小小侦察兵”，培养学生的快速反应能力，尽量使每一位学生参与其中。</td></tr>
<tr><td>放松操（在音乐的伴奏下）。</td><td>有节奏地摆动手臂和全身。</td><td>提示要求，启发与激励。</td><td>跟随音乐一起练习。</td><td>放松队形：
×××××××
×××××××
○○○○○○○
○○○○○○○
★</td><td>1</td><td>1 分 30 秒</td><td>小</td></tr>
</table>

续表

具体内容	要求	活动方法		组织形式	运动负荷		
		教师活动	学生活动		次数/次	时间	强度
1. 活动小结。 2. 收还器材。 3. 师生再见。	能进行自评和互评。	启发学生小结，教师评价。	自评和互评。	四列横队。	1		小
【设计意图】通过放松操放松身体，回忆学习过程，交流学习感受，拓展思维。							

<table>
<tr><td colspan="6">预计效果</td><td>场地器材</td><td>机器若干台，投影和音响设备各1套。</td></tr>
<tr><td>平均心率</td><td>146 次/分</td><td>练习密度</td><td>46%</td><td>强度指数</td><td>1.4</td><td rowspan="4">活动小结</td><td rowspan="4"></td></tr>
<tr><td colspan="3">愉悦感</td><td colspan="3">对今后活动的期望度</td></tr>
<tr><td>好</td><td>中</td><td>差</td><td>强</td><td>中</td><td>弱</td></tr>
<tr><td></td><td></td><td></td><td></td><td></td><td></td></tr>
</table>

篮球社团行进间变速运球活动设计

一、活动意义

行进间变速运球技术，是篮球运球技术中的一项基本技术，也是比赛中运用比较广泛的运球突破技术。它简单实用，易与其他运动衔接组合。通过行进间变速运球练习，学生能了解行进间变速运球的技术要领，掌握并运用该基本技术进行小型的篮球比赛。行进间变速运球练习，有助于学生发展身体灵敏性、协调性，有助于提高学生的体能，培养学生团结合作、敢于挑战、敢于尝试的优良品质。

二、学情分析

篮球社团学生自身对篮球知识和基本技术有了一定的认知能力，对教师讲授的知识有了自己的理解。他们活泼好动，模仿能力强，敢于表现自我，乐于分享自己的想法，但部分学生在练习时安全意识、规则意识较为薄弱，教师在课上需要注重培养。

三、活动目标

（1）学生知道行进间变速运球技术在比赛中的作用，提高对篮球运动的兴趣。

（2）学生初步掌握行进间变速运球的动作方法。

（3）学生积极、主动地参与活动，提高合作意识。

四、活动重点和难点

活动重点：行进间变速运球的脚步和方法。

活动难点：脚步正确，身体协调。

五、活动流程

1. 准备部分

在准备部分中，播放音乐，学生慢跑运球，熟悉篮球场地及场地内的各种标志线。然后进行篮球操，激发学习兴趣，同时活动身体各个环节，为基本部分教学奠定基础。

2. 基本部分

在行进间变向运球教学的过程中，教师采用“启发引导”“分队比赛”的教学方法，使学生更好地理解并掌握技能，发展学生的全身协调能力，增强学生自主锻炼的能力。“运球投篮”游戏作为辅助教学内容，结合本节课主教材，提高学生的锻炼兴趣和实践能力，贯彻学练赛评一体化。

3. 结束部分

师生一同进行放松操练习，调整呼吸，放松心情。交流学习心得与体会。

六、活动前准备

场地器材：标志圈，音响设备 1 套，篮球 36 只。

七、预设活动的运动安排

预计学生的平均心率为 150 次/分，练习密度为 52%，强度指数为 1.5。

篮球社团活动教案

<table>
<tr><td colspan="4">社团名称</td><td colspan="4">篮球社团</td></tr>
<tr><td>活动内容</td><td colspan="7">1. 篮球运动技能:行进间变速运球。2. 游戏“运球投篮”。</td></tr>
<tr><td>活动目标</td><td colspan="7">1. 学生知道行进间变速运球技术在比赛中的作用,提高对篮球运动的兴趣。
2. 学生初步掌握行进间变速运球的动作方法。
3. 学生积极、主动地参与活动,提高合作意识。</td></tr>
<tr><td>活动重点</td><td colspan="3">行进间变速运球的脚步和方法。</td><td>活动难点</td><td colspan="3">脚步正确,身体协调。</td></tr>
<tr><td rowspan="2">具体内容</td><td rowspan="2">要求</td><td colspan="2">活动方法</td><td rowspan="2">组织形式</td><td colspan="3">运动负荷</td></tr>
<tr><td>教师活动</td><td>学生活动</td><td>次数/次</td><td>时间</td><td>强度</td></tr>
<tr><td>一、活动常规
1. 整队,师生问好。
2. 宣布教学内容、任务和要求。</td><td>精神饱满,思想集中,准备上课。</td><td>1. 学生互动。
2. 讲解课堂要求和内容。</td><td>1. 四列横队站立。
2. 认真听讲,站姿规范。</td><td>组织:
× × × × ×
× × × × ×
○○○○○
○○○○○
★</td><td></td><td>30 秒</td><td></td></tr>
<tr><td>二、游戏“贪吃蛇大作战”
围绕指定场地慢跑,遇到其他“蛇”提前变速不能碰撞,不能碰到球,不能停滞。</td><td>动作协调,反应迅速。</td><td>1. 讲明跑动要求。
2. 观察,引导学生进行游戏,提醒学生注意安全。</td><td>1. 听清要求,分四组进行全场自主跑动练习。
2. 保持好“贪吃蛇”的队形,注意安全。</td><td>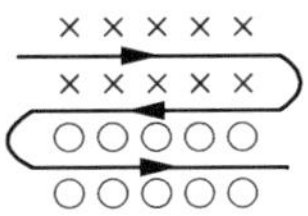</td><td>2—3</td><td>2 分</td><td>中</td></tr>
<tr><td>三、自编韵律篮球操(在音乐的伴奏下)</td><td></td><td>用鼓励性的话语提示学生认真做操。</td><td>1. 跟随教师的示范做操,做好热身运动。
2. 跟随音乐的节奏练习。</td><td>组织:
× × × × ×
× × × × ×
○○○○○
○○○○○
★</td><td>1</td><td>2 分
30 秒</td><td>中</td></tr>
</table>

续表

<table>
<tr><th rowspan="2">具体内容</th><th rowspan="2">要求</th><th colspan="2">活动方法</th><th rowspan="2">组织形式</th><th colspan="3">运动负荷</th></tr>
<tr><th>教师活动</th><th>学生活动</th><th>次数/次</th><th>时间</th><th>强度</th></tr>
<tr><td>四、复习原地左右手高低运球</td><td>注意力集中，注意动作要点。</td><td>让学生配合音乐复习高低运球练习。</td><td>跟随音乐进行练习。</td><td>组织：
散点站立。</td><td>2</td><td>30 秒</td><td>小</td></tr>
<tr><td>五、尝试练习</td><td></td><td>1. 引导学生探究学习。
2. 示范讲解动作要领。
3. 指导学生自主练习。</td><td>1. 积极思考教师提出的问题。
2. 认真观察教师的动作示范，注意动作要点。
3. 尝试练习。</td><td></td><td>7—8</td><td>2 分</td><td>中下</td></tr>
<tr><td>六、行进间变速运球（急停稳，启动快贴紧身，蹬跨过）
1. 两人一组，脚步正确，运四次球，变速运球。
2. 两人一组，脚步正确，运两次球，变速运球。
3. 四人一组，运一次球，变速运球。
4. 四人一组，消极防守下变速运球、手递手传接球。</td><td></td><td>示范动作，提示学生运球的脚步和不同的练习方法。
1. 要求学生四人一组，通过消极防守进行练习。
2. 提醒学生注意动作要领。
3. 提醒学生传球时控制好距离、速度，注意安全。</td><td>认真观察教师的动作示范，尤其是脚步。
1. 观察教师的示范，认真完成练习。
2. 传接球时控制好距离、速度，注意安全。
3. 认真听讲。</td><td>组织：
× × × × ×
× × × × ×
○○○○○
○○○○○

组织：
× × × × ×　P
× × × × ×　P
○○○○○　P
○○○○○　P</td><td>5—9
5—9
2—3
2—3</td><td>2 分
2 分
2 分
2 分</td><td>中
中
中
中</td></tr>
<tr><td>七、游戏“运球投篮”：
四人一组，依次进行行进间变速运球到篮下投篮。进球，得 1 分；不可补投。</td><td></td><td>1. 示范并讲解游戏规则。
2. 提醒学生练习时注意安全。</td><td>1. 认真观察教师示范，听清规则。
2. 游戏中注意安全。</td><td>组织：
× × × × ×
× × × × ×
○○○○○
○○○○○
★</td><td>5—10</td><td>3 分 30 秒</td><td>大</td></tr>
</table>

续表

具体内容	要求	活动方法		组织形式	运动负荷		
		教师活动	学生活动		次数/次	时间	强度
1. 放松操。 2. 课后小结。 3. 师生再见，宣布下课。 4. 收放器材。		1. 带领学生一同放松，调整呼吸，放松心情。 2. 评价与总结。 3. 安排学生收拾器材。	1. 随着音乐练习，动作舒展、放松。 2. 交流学习心得和体会。 3. 互道再见。	× × × × × × × × × × ○○○○○ ○○○○○ ★	1	2 分	中下

<table>
<tr><td colspan="6">预计效果</td><td>场地器材</td><td>标志圈，音响设备 1 套，篮球 36 只。</td></tr>
<tr><td rowspan="2">运动负荷</td><td colspan="2">平均心率</td><td colspan="2">练习密度</td><td>强度指数</td><td rowspan="5">活动小结</td><td rowspan="5"></td></tr>
<tr><td colspan="2">150 次/分</td><td colspan="2">52%</td><td>1.5</td></tr>
<tr><td colspan="3">愉悦感</td><td colspan="3">对今后活动的期望度</td></tr>
<tr><td>好</td><td>中</td><td>差</td><td>强</td><td>中</td><td>弱</td></tr>
<tr><td></td><td></td><td></td><td></td><td></td><td></td></tr>
</table>

注：P 代表“标志旗”。

羽毛球社团基本站位、握拍法练习活动设计

一、活动意义

通过此活动普及羽毛球运动，提高学生羽毛球运动水平；丰富学生的文体生活，培养羽毛球爱好者，加深师生之间的交流，建立良好的师生关系；发展学生灵敏性、协调性、速度与力量等身体素质。

二、学情分析

学生具有活泼、好动和想象力丰富、朝气蓬勃的身心特点，有很强的求知欲和表现欲。羽毛球运动是开展较为普遍的运动，也深受学生的喜爱，但学生的基本站位及握拍的动作还不是很规范。本节课以基本站位和握拍法练习为主，根据学生的年龄特点选择多种学习方式，通过个人练习、合作练习、游戏比赛等组织形式，充分调动学生的学习积极性，让学生初步掌握正确的基本站位和握拍方法，为学生进一步掌握羽毛球技术奠定基础。

三、活动目标

（1）了解羽毛球课的内容与要求。

（2）初步掌握羽毛球运动的基本站位和握拍方法。

（3）培养学生遵守纪律的良好作风及团队合作精神。

四、活动重点和难点

活动重点：站位准确。

活动难点：站位姿势和握拍方法。

五、活动流程

（1）教师讲解羽毛球握拍的方法，学生自由尝试练习。

（2）学生自主练习握拍，然后两人一组分组练习。

（3）学生玩游戏“播种与收获”。

六、活动前准备

场地器材：羽毛球拍 1 个/人，羽毛球若干，音响设备 1 套。

七、预计活动的运动负荷

预计学生的平均心率为 158 次/分，练习密度为 60%，强度指数为 1.6。

羽毛球社团活动教案

<table>
<tr><td colspan="4">社团名称</td><td colspan="4">羽毛球</td></tr>
<tr><td>活动内容</td><td colspan="7">基本站位、握拍法。</td></tr>
<tr><td>活动
目标</td><td colspan="7">1. 了解羽毛球课的内容与要求。
2. 初步掌握羽毛球运动的基本站位和握拍方法。
3. 培养学生遵守纪律的良好作风及团队合作精神。</td></tr>
<tr><td>活动
重点</td><td colspan="3">站位准确。</td><td>活动
难点</td><td colspan="3">站位姿势和握拍方法。</td></tr>
<tr><td rowspan="2">具体内容</td><td rowspan="2">要求</td><td colspan="2">活动方法</td><td rowspan="2">组织形式</td><td colspan="3">运动负荷</td></tr>
<tr><td>教师活动</td><td>学生活动</td><td>次数/次</td><td>时间</td><td>强度</td></tr>
<tr><td>课堂常规：
1. 整队检查人数。
2. 宣布本次活动内容及要求。</td><td>保持良好的精神状态。</td><td>整队，检查人数，宣布本课内容。</td><td>整队快、静、齐。</td><td>四列横队：
××××××
××××××
○○○○○○
○○○○○○
★</td><td></td><td></td><td></td></tr>
<tr><td>队列练习：
一路纵队蛇形跑动。</td><td>保持正确的身体姿势，精神饱满。</td><td>话语提示，口令指挥。</td><td>听从口令练习。</td><td>蛇形跑动。</td><td>1</td><td>2 分</td><td>小</td></tr>
<tr><td>准备活动：
1. 羽毛球操（在音乐的伴奏下）。
2. 强化髋踝、膝关节活动。</td><td>精神饱满，富有激情，积极参与动作练习。</td><td>提示练习要求并进行示范。</td><td>跟随教师的动作进行练习。</td><td>四列横队错位站立：
× × × ×
× × × ×
○ ○ ○ ○
○ ○ ○ ○
★</td><td>6 节
4×8</td><td>2 分
30 秒</td><td>中

中</td></tr>
</table>

续表

具体内容	要求	活动方法		组织形式	运动负荷		
		教师活动	学生活动		次数/次	时间	强度
羽毛球运动基本站位和握拍方法。 1. 练基本站位。	接发球站位:左脚在前,右脚在后,侧身对网,重心在前脚,右脚跟离地,双膝微屈,收腹含胸,放松握拍,屈肘举在胸前,注视对方的发球动作。	1. 说明要求,强调活动的安全性。 2. 观察并指导。 3. 评价和总结,导入本次活动内容。	1. 自由组织练习。 2. 积极投入练习。 3. 认真听讲。	四列横队错站立: × × × × × × × × ○ ○ ○ ○ ○ ○ ○ ○ ★	3—4 4—6 2—3	1 分 2 分 30 秒 2 分 30 秒	中 中 中—大
2. 练握拍方法。		1. 讲明要求。 2. 示范动作方法,突出重难点。 3. 提示动作。 4. 巡视并指导动作。 5. 积极指导与练习。	1. 尝试练习。 2. 根据要求主动练习。		3—4 4—6	1 分 3 分	
游戏“播种与收获”。	遵守游戏规则,注意游戏安全,敢于竞争。	1. 讲明游戏的过程与方法。 2. 提问游戏方法和规则。 3. 参与游戏,并组织学生讨论提高游戏效率的方法。 4. 总结出现的问题,并想出解决方法。 5. 组织再次游戏。 6. 游戏小结。	1. 由组长带领每组学生尝试练习。 2. 集合回答所提出的问题。 3. 分组游戏,3—4 人一组。 4. 积极发言,指出问题。 5. 继续游戏。 6. 学会自评和互评。	六列横队: × × × ▲ ○ ○ ○ ▲ × × × ▲ ○ ○ ○ ▲ × × × ▲ ○ ○ ○ ▲ ★	1 1—2 1—2	1 分 2 分 30 秒 2 分 30 秒	大—中

续表

<table>
<tr><th rowspan="2">具体内容</th><th rowspan="2">要求</th><th colspan="2">活动方法</th><th rowspan="2">组织形式</th><th colspan="3">运动负荷</th></tr>
<tr><th>教师活动</th><th>学生活动</th><th>次数/次</th><th>时间</th><th>强度</th></tr>
<tr><td>放松。
(在音乐的伴奏下)。</td><td>跟随音乐放松身体,调节心情。</td><td>随音乐一起练习,提示要求,启发和激励。</td><td>一起练习。</td><td>放松队形:
××××××
××××××
○○○○○○
○○○○○○
★</td><td>1</td><td>1 分 30 秒</td><td>小</td></tr>
<tr><td>1. 活动小结。
2. 收还器材。
3. 师生再见。</td><td>能进行自评和互评。</td><td>启发学生小结并进行评价。</td><td>自评和互评。</td><td>四列横队。</td><td>1</td><td></td><td>小</td></tr>
</table>

<table>
<tr><td colspan="6">预计效果</td><td>场地器材</td><td>羽毛球拍 1 个/人,羽毛球若干,音响设备 1 套。</td></tr>
<tr><td rowspan="2">运动负荷</td><td colspan="2">平均心率</td><td colspan="2">练习密度</td><td>强度指数</td><td rowspan="5">活动小结</td><td rowspan="5"></td></tr>
<tr><td colspan="2">158 次/分</td><td colspan="2">55%</td><td>1.6</td></tr>
<tr><td colspan="3">愉悦感</td><td colspan="3">对今后活动的期望度</td></tr>
<tr><td>好</td><td>中</td><td>差</td><td>强</td><td>中</td><td>弱</td></tr>
<tr><td></td><td></td><td></td><td></td><td></td><td></td></tr>
</table>

足球社团熟悉球性活动设计

一、活动意义

此活动是学习和掌握足球基本技战术的基础，教师在教学过程中采用灵活多样的教学方法，充分发挥学生的潜能，让学生展示自我，培养学生对足球的兴趣，同时通过比赛的形式让学生体会到“我参与，我成功，我快乐”的愉悦感，提高学生自学、自练、自控能力和合作意识。

二、学情分析

本活动的授课对象是小学三年级足球社团的学生，对足球运动有一定的认识，具有一定的足球技术基础，同时学练积极性高。根据学生的心理和生理特点，灵活安排多样的练习，在活动中创设公平的环境，留给学生一定的活动空间，让学生自主学练。让学生在参与活动中获得成就感，增强其集体荣誉感。

三、活动目标

（1）了解并说出踩球、拨球、拉球的正确方法，掌握踩球、拨球、拉球的动作技能。

（2）在练习中，能够正确地做出与球性、球感相关的动作，发展力量、柔韧性、协调性等。

（3）培养学生积极进取、不怕困难的意志品质。

四、活动重点和难点

活动重点：触球部位的不同。

活动难点：上下肢的协调用力。

五、活动流程

1. 准备部分

教师通过趣味热身跑为接下来的热身操做好准备，足球专项准备活动不仅提高了学生对足球的熟悉程度，还有助于学生充分活动身体的各个环节。

2. 基本部分

基本部分通过各种球性、球感的练习，让学生熟悉球。练习的形式有单人、双人及多人等，将枯燥的练习内容转变成具有趣味性的小比赛，充分调动学生的积极性。

3. 结束部分

在结束部分安排师生一同做放松操，让学生的身心得到放松，还组织学生自评和互评，让学生大胆表达自己的想法。

六、活动前准备

足球 30 只。

七、预计活动的运动负荷

预计课的平均心率为 148 次/分，练习密度为 50%，强度指数为 1.5。

足球社团活动教案

<table>
<tr><td colspan="2">社团名称</td><td colspan="2">足球</td></tr>
<tr><td>活动内容</td><td colspan="3">熟悉球性。</td></tr>
<tr><td>活动目标</td><td colspan="3">1. 了解并说出踩球、拨球、拉球的正确方法，掌握踩球、拨球、拉球的动作技能。
2. 在练习中，能够正确地做出与球性、球感相关的动作，发展力量、柔韧性、协调性等。
3. 培养学生积极进取、不怕困难的意志品质。</td></tr>
<tr><td>活动重点</td><td>触球部位的不同。</td><td>活动难点</td><td>上下肢的协调用力。</td></tr>
</table>

续表

具体内容	要求	活动内容		组织形式	运动负荷		
		教师活动	学生活动		次数/次	时间	强度
一、活动常规 1. 整队，汇报人数。 2. 师生问好。 3. 检查人数与服装。 4. 安排见习生。 5. 宣布本次活动内容和需要达到的目标。 6. 进行安全教育。	集队快、静、齐，精神饱满，思想集中。	1. 整队。 2. 与学生问好。 3. 检查人数和服装。 4. 安排见习生活动内容。 5. 宣布本次活动需要达成的三大目标，鼓励学生积极完成。 6. 说明安全的重要性。	1. 排好队伍。 2. 与教师问好。 3. 检查自己的服装。 4. 见习生出列。 5. 了解本次的活动内容，认真听讲，并完成活动。 6. 将安全牢记心中。	××××× ××××× ○○○○○ ○○○○○ ★			
二、热身活动 1. 热身跑。 2. 足球专项准备活动。	精神饱满，动作到位、有力。	1. 提醒学生热身操的动作幅度。 2. 和学生共同完成专项准备活动。	1. 认真听讲，并跟着教师一起练习。 2. 按照教师的要求活动。	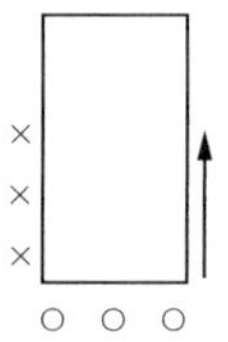	1 1	2分 3分	小 中

【设计意图】通过简单的热身跑，为接下来的活动做好准备，利用热身操和足球专项准备活动提高学生对足球的熟悉程度，充分调动学生的身体机能，活动身体的各关节。

续表

具体内容	要求	活动内容		组织形式	运动负荷		
		教师活动	学生活动		次数/次	时间	强度
一、熟悉球性练习	积极向上，认真对待。	1. 先讲解脚各部位的名称及球的各部位。 2. 示范讲解各种球性、球感练习的动作要领。 3. 示范时分解动作。 4. 口令指挥练习。	1. 围成一个圆形站立，两人相距1米左右。 2. 先看教师示范动作，然后进行练习。 3. 进行分解动作的模仿练习，动作要求协调、有节奏。 4. 听口令认真练习。	☆☆☆☆☆ ☆☆☆☆☆ ☆☆☆☆☆ ☆☆☆☆☆ ★	1 4 4 6	1分 2分 1分 2分	小 小 中 中
二、游戏“听话的足球” 教师利用哨声提醒，学生听到哨声后及时做出对应的动作，比一比谁的足球最“听话”。	遵守规则，团队合作，完成游戏。	1. 讲解游戏方法、目的。 2. 带领学生分组进行尝试练习。 3. 组织游戏，鼓励学生。	1. 认真听讲，了解游戏方法、目的。 2. 分组进行尝试练习。 3. 进行游戏比赛，充满自信。	☆☆☆☆☆ ☆☆☆☆☆  ★	4 2	3分 2分	中 大 中
三、体能练习 1. 俯撑开合跳。 2. 俯撑交替摸肩。 3. 俯撑抬腿。 4. 俯撑登山跑。	精神饱满，充满活力，富有激情，积极参与动作练习。	1. 示范动作。 2. 提示动作要点。	1. 模仿练习。 2. 积极配合。	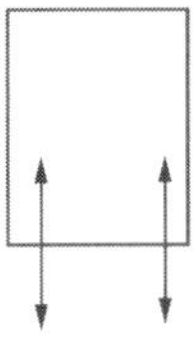 ☆☆☆☆☆ ☆☆☆☆☆ ☆☆☆☆☆	2	3分	大 中
【设计意图】通过各种球性、球感的练习，学生熟悉足球。将枯燥的练习内容转变成趣味性强的对抗性比赛，充分调动学生的积极性。							
一、做放松操 二、活动小结 三、宣布下课 四、收放器材	跟随音乐，放松心情，拉伸身体。	1. 带领学生一同放松，调整呼吸节奏，放松心情。 2. 师生共同小结本节课的优缺点。 3. 安排收拾器材。	1. 随教师口令练习，动作舒展、放松。 2. 交流学习与心得体会。 3. 师生互道再见。	组织队形：	1	2分	小
【设计意图】与学生一起做放松操，让学生的身心得到放松，学生大胆表达自己的想法，在师生的相互鼓励中结束本课。							

续表

<table>
<tr><td colspan="6">预计效果</td><td>场地器材</td><td>足球 30 只。</td></tr>
<tr><td rowspan="2">运动负荷</td><td colspan="2">平均心率</td><td colspan="2">练习密度</td><td>强度指数</td><td rowspan="5">活动小结</td><td rowspan="5"></td></tr>
<tr><td colspan="2">148 次/分</td><td colspan="2">50%</td><td>1.5</td></tr>
<tr><td colspan="3">愉悦感</td><td colspan="3">对今后活动的期望度</td></tr>
<tr><td>好</td><td>中</td><td>差</td><td>强</td><td>中</td><td>弱</td></tr>
<tr><td></td><td></td><td></td><td></td><td></td><td></td><td></td><td></td></tr>
</table>

注:“☆”代表学生。下同。

乒乓球社团发球活动设计

一、活动意义

发球是乒乓球比赛中每个回合的开始，是唯一不受对方制约的技术，不仅可以让对方判断或击球失误，更重要的是为后续的进攻创造机会，尤其是高质量的发球在关键时刻给对方造成心理上的压力，使对方在接发球时感到不安，从而影响其发挥。通过发球技术的教学，学生能基本知道乒乓球运动中的各种发球方式和旋转类型，并掌握2—3种发球方式，为进一步学习乒乓球技术奠定基础。

二、学情分析

水平二（三年级）的学生，活泼好动，荣誉感强，模仿能力强，好奇心强，但依赖性也强，自我约束能力差，注意力不易集中等。而打乒乓球需要反应快、注意力集中，因此在教学中教师要加强提醒和训练。

三、活动目标

（1）能说出乒乓球正手发平击球的技术要领和基本知识。

（2）掌握乒乓球发球的技术要领和方法，发展学生的上肢力量。

（3）培养学生不怕困难的意志品质，在练习过程中敢于创新。

四、活动重点和难点

活动重点：击球的时机。

活动难点：抛击的配合。

五、活动流程

（一）开始部分

课堂常规：体育委员整队，报告人数，师生问好，教师简要介绍教学内容，检查服装，安排见习生。

组织教学：四列横队。

（二）准备部分

1. 蛇形跑。

2. 徒手操：头部运动，伸展运动，踢腿运动，扩胸运动，体侧运动，体转运动。

3. 球性练习：原地颠球比多少，在走动中颠球。

（三）基本部分

1. 示范并讲解乒乓球正手发球技术。

2. 练习。

（1）原地徒手模仿练习：① 准备姿势；② 后摆引拍；③ 挥拍击球。

（2）2 人一组练习挥拍蹬地转腰，1 人练习，1 人纠正。

（3）2 人一组上台练习（体会正确的击球点）。

3. 检验环节：击球打鞭。

原地对墙挡球（距离墙面 1—2 米），每个学生必须击中三个不同把位后进行轮换，最先完成的队获胜。

4. 身体素质：折返跑游戏。

（四）结束部分

1. 放松活动：两人一组，互相拍打，放松全身肌肉。

2. 课堂小结：教师总结学练情况，对学生的表现进行评价。

3. 宣布下课，师生再见，回收器材。

六、活动前准备

场地器材：乒乓球拍 30 副，音响设备 1 套。

七、预计活动的运动负荷

预计课的平均心率为 145 次/分，练习密度为 47%，强度指数为 1.4。

乒乓球社团活动案例

<table>
<tr><td colspan="4">社团名称</td><td colspan="4">乒乓球</td></tr>
<tr><td>活动内容</td><td colspan="7">乒乓球发球。</td></tr>
<tr><td>活动目标</td><td colspan="7">1. 能说出乒乓球正手发平击球的技术要领和基本知识。
2. 掌握乒乓球发球的技术要领和方法，发展学生的上肢力量。
3. 培养学生不怕困难的意志品质，在练习过程中敢于创新。</td></tr>
<tr><td>学习重点</td><td colspan="2">击球的时机。</td><td>学习难点</td><td colspan="4">抛击的配合。</td></tr>
<tr><td rowspan="2">具体内容</td><td rowspan="2">要求</td><td colspan="2">教学方法</td><td rowspan="2">组织形式</td><td colspan="3">运动负荷</td></tr>
<tr><td>教师活动</td><td>学生活动</td><td>次数/次</td><td>时间</td><td>强度</td></tr>
<tr><td>课堂常规：
1. 整队，检查常规要求。
2. 师生问好。
3. 安排见习生，宣布活动内容及要求。</td><td>强化纪律教育及安全意识。</td><td>1. 语言提示。
2. 启发与互动。</td><td>1. 整队快、静、齐。
2. 听从指挥。</td><td>四列横队：
× × × × ×
× × × × ×
○○○○○
○○○○○
★</td><td></td><td></td><td></td></tr>
<tr><td>小游戏“花儿朵朵开”。</td><td>精神饱满，积极参与游戏。</td><td>1. 讲明规则。
2. 示范、引导，调动情绪。</td><td>1. 集体游戏。
2. 协调合作。</td><td>四列横队：散点站。</td><td>1</td><td>2 分</td><td>小</td></tr>
<tr><td>准备活动：
乒乓球拍操。</td><td>充满活力，富有激情，积极参与动作练习。</td><td>1. 带操示范。
2. 练习提示。</td><td>1. 集体练习。
2. 动作有力。</td><td>成体操队形散开：
× × × × ×
× × × × ×
○○○○○
○○○○○
★</td><td>6 节
4×8</td><td>3 分
30 秒</td><td>中
中</td></tr>
<tr><td colspan="8">【设计意图】组织学生做游戏“花儿朵朵开”，促使学生精神饱满、快速进入上课状态。通过乒乓球拍操，学生在音乐的伴奏下完成练习，激发运动热情。</td></tr>
</table>

续表

具体内容	要求	教学方法		组织形式	运动负荷		
		教师活动	学生活动		次数/次	时间	强度
乒乓球正手平击球。	通过向前挥拍,以合适的角度击球,使球不旋转,沿台面平稳飞行。强调击球时的发力方向、击球点和拍面角度对球飞行轨迹的影响,让学生在练习前对动作有清晰的认知。	1. 说明要求,强调活动安全性。 2. 完整示范动作。 3. 分解动作并讲解。 4. 讲明要求。 5. 示范动作方法,突破重难点。 6. 提示动作。 7. 巡视并参与练习,指导动作。 8. 积极指导练习。 9. 组织动作展示。	1. 认真听讲。 2. 积极观摩。 3. 模仿练习。 4. 尝试练习。 5. 积极参与动作展示。 6. 边想边练习。 7. 根据要求主动练习。 8. 主动参与。	四列横队： 	3—4 2—3 2—3 4—6 3—4	1 分 1 分 30 秒 1 分 30 秒 3 分 2 分	中 中 中—大
【设计意图】让学生在练习中能体会动作的连贯性,感受运动带来的无限快乐。							
游戏“乒乓球小能手”。	游戏规则:单打,采用 5 分制,先得 5 分且领先对手 1 分者获胜;若比分 5 平,需要领先 1 分才能取胜。	1. 讲明游戏方式和方法。 2. 提示注意事项。 3. 组织讨论练习体会。 4. 第二轮练习,总结并提出要求。 5. 组织并再次展示。 6. 引导并小结。	1. 组长带领组内学生尝试练习。 2. 聆听练习要求。 3. 分组练习,6—8 人一组。 4. 积极练习,主动参与。 5. 积极参与。 6. 学会自评和互评。	四列横队： 	1 1—2 1—2	1 分 1 分 30 秒 1 分 30 秒	大—中
【设计意图】游戏“乒乓球小能手”让学生在游戏中继续体会正手发平击球的动作技术,培养学生快速反应能力,让学生在玩中练,在练中学。							

续表

<table>
<tr><th rowspan="2">具体内容</th><th rowspan="2">要求</th><th colspan="2">教学方法</th><th rowspan="2">组织形式</th><th colspan="3">运动负荷</th></tr>
<tr><th>教师活动</th><th>学生活动</th><th>次数/次</th><th>时间</th><th>强度</th></tr>
<tr><td>拍打操再加上调节呼吸的方法进行放松。</td><td>通过呼吸节奏放松身体、调节心情。</td><td>带领学生一起练习，通过拍打操动作放松。</td><td>跟随教师一起练习。</td><td>放松队形：
×××××
×××××
○○○○○
○○○○○
★</td><td>1</td><td>1 分 30 秒</td><td>小</td></tr>
<tr><td>1. 活动小结。
2. 收还器材。
3. 师生再见。</td><td>能进行自评和互评。</td><td>启发学生小结，教师评价。</td><td>自评和互评。</td><td>四列横队：
×××××
×××××
○○○○○
○○○○○</td><td>1</td><td></td><td>小</td></tr>
<tr><td colspan="8">【设计意图】拍打操放松，回忆学习过程，交流学习感受，让体育运动来源于生活，服务于生活，运动成为学生的一种生活习惯。</td></tr>
</table>

<table>
<tr><td colspan="6">预计效果</td><td>场地器材</td><td>乒乓球拍 30 副，音响设备 1 套。</td></tr>
<tr><td colspan="2">平均心率 145 次/分</td><td colspan="2">练习密度 47%</td><td colspan="2">强度指数 1.4</td><td colspan="2">活动小结</td></tr>
<tr><td colspan="3">愉悦感</td><td colspan="3">对今后活动的期望度</td><td colspan="2" rowspan="3"></td></tr>
<tr><td>好</td><td>中</td><td>差</td><td>强</td><td>中</td><td>弱</td></tr>
<tr><td></td><td></td><td></td><td></td><td></td><td></td></tr>
</table>

武术社团《旭日东升》操活动设计

一、活动意义

中华武术历史悠久，源远流长。作为中国传统体育项目，武术具有强身健体、陶冶情操、锻炼意志、培养品格的良好作用。本活动通过武德教育、弘扬尚武精神，让学生在习武的同时了解中国传统文化，使他们的身心得到很好的滋养。

二、学情分析

二年级学生模仿能力强，好动且好奇心强，敢于表现自我；但注意力容易分散，自我控制力和纪律观念较差。本次武术操活动的安排，考虑了学生模仿能力强、表现能力强的特点。让学生通过合理的武术练习，提高武术运动技能，增强体质，培养坚强、不怕困难的意志品质。在教学中，教师通过及时的提示和适时的鼓励，让学生积极投入练习，挖掘自己的武术潜能，获得成功的体验。

三、活动目标

（1）知道武术操第一节、第二节的动作名称及动作方法，了解武术运动的起源与发展。

（2）基本掌握武术操第一节、第二节的动作要领。

四、活动重点和难点

活动重点：手型动作的规范。

活动难点：精气神的展现。

五、活动流程

（1）激发兴趣，主题导入。教师通过简短的话语，让学生在较短的时间内明确本次活动的内容。

（2）尝试探究，掌握技能。学生通过观看教师展示和听教师讲解武术操的动作方法，快速掌握动作要领。

（3）实践运用，提高技能。在活动过程中，教师设计了“武林秘籍”、小组自练、集体练习、“武林大会”比武等综合活动。

（4）素质练习，全面发展。设计“翻翻乐”游戏，运用趣味游戏的方式让学生进行素质练习，遵循学生上下肢协调发展的原则，让学生得到全面锻炼。

（5）反馈激励，激发热情。最后，教师用概括、激励的语言总结和评价，激发学生对学习的热情，培养他们积极主动参与体育活动的兴趣。

六、活动前准备

场地器材：瑜伽砖 20 块，音响设备 1 套。

七、预计活动的运动负荷

预计课的平均心率为 138 次/分，练习密度为 41%，强度指数为 1.4。

武术社团活动教案

<table>
<tr><td colspan="4">社团名称</td><td colspan="5">武术</td></tr>
<tr><td>活动内容</td><td colspan="8">武术操《旭日东升》第一节、第二节。</td></tr>
<tr><td>活动目标</td><td colspan="8">1. 知道武术操第一节、第二节的动作名称及动作方法，了解武术运动的起源与发展。
2. 基本掌握武术操第一节、第二节的动作要领。</td></tr>
<tr><td>活动重点</td><td colspan="3">手型动作的规范。</td><td>活动难点</td><td colspan="4">精气神的展现。</td></tr>
<tr><td rowspan="2">具体内容</td><td rowspan="2">要求</td><td colspan="2">活动方法</td><td rowspan="2">组织形式</td><td colspan="3">运动负荷</td></tr>
<tr><td>教师活动</td><td>学生活动</td><td>次数/次</td><td>时间</td><td>强度</td></tr>
<tr><td>一、活动常规
1. 整队检查人数、服装。
2. 师生问好。
3. 安排见习生，宣布本课内容。</td><td>精神饱满，身体姿态好。</td><td>1. 话语提示。
2. 启发与互动。</td><td>1. 整队。
2. 听教师讲要求。</td><td>四列横队：
×××××××××
×××××××××
×××××××××
×××××××××
★　△</td><td>1</td><td></td><td></td></tr>
<tr><td>二、热身跑和游戏“行步跑”</td><td>精神饱满，自信。</td><td>1. 口令指挥。
2. 启发与互动。</td><td>1. 集体练习。
2. 听口令。</td><td>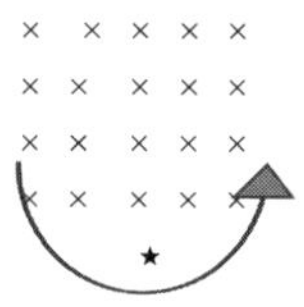</td><td>1</td><td>1 分 20 秒</td><td>小</td></tr>
<tr><td>三、热身活动操</td><td>动作到位、有力。</td><td>1. 音乐伴奏。
2. 话语提示。</td><td>1. 集体练习。
2. 认真观察。
3. 积极参与。</td><td>××× ×××
××× ×××
××× ×××
××× ×××
★</td><td>8 拍 7×</td><td>2 分 30 秒</td><td>中</td></tr>
<tr><td colspan="8">【设计意图】活动开始，组织学生跑步热身，为本活动的学习做好铺垫；通过热身操，学生在音乐的伴奏下快乐地完成练习，激发自身的运动热情。</td></tr>
</table>

续表

具体内容	要求	活动方法		组织形式	运动负荷		
		教师活动	学生活动		次数/次	时间	强度
四、复习手型 1. 拳。 2. 掌。 3. 勾。	仔细观察。	讲解基本手型和动作要领。	认真听讲，听明白要领。	× × ×　× × × × × ×　× × × ○ ○ ○　○ ○ ○ ○ ○ ○　○ ○ ○ ★	8—9	1 分	小
五、《旭日东升》 1. 第一节：起势。 2. 第二节：拉伸运动。	注意力集中。	1. 讲解并示范第一节操。	1. 认真听讲，按照教师的要求尝试练习。		7—8	1 分 45 秒	中上
		2. 用口令指挥练习。	2. 听口令，认真练习。				
	认真练习。	3. 要求优秀小组展示。	3. 两人一组认真练习。	× × ×　× × × × × ×　× × × ○ ○ ○　○ ○ ○ ○ ○ ○　○ ○ ○ ★	1—2	30 秒	
		4. 讲解并示范第二节操。	4. 按要求进行练习。		2—3	1 分 30 秒	
	仔细观察。	5. 口令指挥练习。	5. 认真听讲，按照教师的要求尝试练习。		1—2	1 分	
		6. 让做得好的小组展示。	6. 听口令，认真练习。				
		7. 组织学生集体练习。	7. 两人一组认真练习。		2—3	1 分 10 秒	中上
	认真练习。	8. 播放音乐，带领学生练习。	8. 按教师的要求进行练习。		1—2	1 分 10 秒	
	积极参与。						中上 中上 上

续表

具体内容	要求	活动方法		组织形式	运动负荷		
		教师活动	学生活动		次数/次	时间	强度
【设计意图】本次活动，教师运用多次重复练习，让学生快速掌握方法。在整个活动过程中，采用自主学习、小组探讨等方法，提高学生的运动兴趣，在练习的过程中不仅锻炼了学生的身体，也锻炼了学生的大脑，实现体力、脑力的有效结合，培养学生的运动能力与习惯。							
六、游戏“翻翻乐”	注意安全。	1. 讲解游戏方法并示范。 2. 规定学生比赛时间。 3. 评价游戏，学生再次比赛。 4. 点评。	1. 按教师的要求练习。 2. 积极玩游戏，注意安全。 3. 及时改正不当之处，再次练习。 4. 积极参与。	× × ×　× × × × × ×　× × × × × ×　× × × × × ×　× × ×	2	2分15秒	中上
【设计意图】这个游戏主要运用趣味游戏的方式让学生进行素质练习，遵循学生上下肢协调发展的原则，让学生得到全面的锻炼。							
七、放松操	动作自然。	1. 语言提示。 2. 参与活动。	集体跟随教师练习。	××××××××× ××××××××× ××××××××× ×××××××× ★	1	2分	小
八、活动小结	自评和互评。	1. 总结学习情况。 2. 布置课外作业。 3. 宣布下课。	1. 自评和互评小结。 2. 归还器材。	××××××××× ××××××××× ××××××××× ×××××××××	1		
【设计意图】学生回忆学习过程，交流学习感受。教师布置作业，把体育锻炼延伸到课外，促使体育运动成为学生的一种生活习惯，帮助学生逐渐养成自主锻炼的习惯。							

预计效果					场地器材	瑜伽砖 20 块，音响设备 1 套。	
运动负荷	平均心率		练习密度	强度指数		活动小结	
	138 次/分		41%	1.4			
愉悦感			对今后活动的期望度				
好	中	差	强	中	弱		

跆拳道社团组合弹踢活动设计

一、活动意义

跆拳道以其瞬息万变、优美、潇洒的腿法闻名于世。跆拳道的腿法讲究变化多样和灵活，对人体的柔韧性、大脑反应的灵敏性、身体运动的稳定性都有很高的要求，是对人体机能和体能的综合考验。组合弹踢活动是跆拳道腿法中的基本腿法之一。

二、学情分析

活动对象是五年级的学生，他们大多 11—12 岁，好奇心强，活泼好动，善于模仿，参与活动的积极性高，但是他们注意力集中的时间较短，因此教师在活动中采用先学后教的方式，让学生在玩中体验，在玩中思考，在玩中创造。

三、活动目标

1. 能积极、勇敢地进行自我尝试练习，大胆展示自己的动作。

2. 通过对组合腿法的练习，对跆拳道有更深的了解。

3. 在活动过程中认识到团结友爱、互相协作的重要性，体验获得成功的快乐。

四、活动重点和难点

活动重点：组织有序，学生参与度高。

活动难点：动作正确率高。

五、活动流程

导入——热身活动——礼仪——辅助练习：（1）绷脚背弹腿；（2）提

膝弹腿；（3）收腿——原地空击练习——踢靶练习——学生展示（踢木板）——游戏——放松操。

六、活动前准备

场地器材：靶 30 个，音响设备 1 套，标志筒 6 个。

七、预计活动的运动负荷

预计课的平均心率为 135 次/分，练习密度为 40%，强度指数为 1.4。

跆拳道社团活动教案

<table>
<tr><td colspan="3">社团名称</td><td colspan="5">跆拳道</td></tr>
<tr><td>活动内容</td><td colspan="7">组合弹踢与游戏。</td></tr>
<tr><td>活动目标</td><td colspan="7">1. 能积极、勇敢地进行自我尝试练习，大胆展示自己的动作。
2. 通过对组合腿法的练习，对跆拳道有更深的了解。
3. 在活动过程中认识到团结友爱、互相协作的重要性，体验获得成功的快乐。</td></tr>
<tr><td>活动重点</td><td colspan="3">组织有序，学生参与度高。</td><td>活动难点</td><td colspan="3">动作正确率高。</td></tr>
<tr><td rowspan="2">具体内容</td><td rowspan="2">要求</td><td colspan="2">活动方法</td><td rowspan="2">组织形式</td><td colspan="3">运动负荷</td></tr>
<tr><td>教师活动</td><td>学生活动</td><td>次数/次</td><td>时间</td><td>强度</td></tr>
<tr><td>活动常规：
1. 整队。
2. 师生问好。
3. 安排见习生，宣布活动内容及要求。</td><td>强化纪律教育和安全意识。</td><td>话语提示，启发与互动。</td><td>整队快、静、齐。</td><td>四列横队：
×××××
×××××
○○○○○
○○○○○
★</td><td></td><td></td><td></td></tr>
<tr><td>在跑的过程中加入各种动作。</td><td>保持正确的身体姿势，精神饱满。</td><td>口令指挥，示范与启发，评价与激励。</td><td>分组练习，听口令。</td><td>四列横队：
×××××
×××××
○○○○○
○○○○○</td><td>1</td><td>2 分</td><td>小</td></tr>
<tr><td>活动操。</td><td>精神饱满，充满活力，富有激情，积极参与动作练习。</td><td>音乐伴奏，动作示范，话语提示。</td><td>集体练习。</td><td></td><td>9 节
4×8</td><td>2 分 30 秒</td><td>中
中</td></tr>
<tr><td colspan="8">【设计意图】组织学生做跆拳道的常规辅助练习，促使学生进入上课状态；通过活动准备，学生在音乐的伴奏下快乐地完成练习，指导学生在热身的同时拉伸韧带，防止受伤。</td></tr>
</table>

续表

具体内容	要求	活动方法		组织形式	运动负荷		
		教师活动	学生活动		次数/次	时间	强度
1. 步法复习。 2. 腿法复习。	知道组合弹踢的方法和动作要领，并能积极参与练习。 培养团队合作精神。 注意练习时的间距。	1. 说明活动要求，强调安全性。 2. 参与练习。 3. 评价小结，导入本课内容。 4. 强化活动要求。 5. 示范动作方法，突出重难点。 6. 提示动作。 7. 巡视并参与练习，指导动作。 8. 积极指导练习。 9. 组织动作展示。 10. 组织小组展示。	1. 自由组织练习。 2. 积极投入练习。 3. 认真听讲。 4. 积极参与动作展示。 5. 敢于表现。	体育馆分成 24 组站位： × × × × × × × × × × ○ ○ ○ ○ ○ ○ ○ ○ ○ ○ × × × × × × × × × × ○ ○ ○ ○ ○ ○ ○ ○ ○ ○	3—4 4—6 2—3 2—3 1—2 2—3 1—2	1 分 3 分 30 秒 2 分 30 秒 2 分 1 分 30 秒 2 分 40 秒 1 分 30 秒	中 中 中—大
【设计意图】贴近学生生活实际，做得好的学生集中给大家展示，给学生充分展示自我的机会。							
游戏“接力跑”。	游戏规则： 1. 哨音响时开始比赛。 2. 每人快速跑出并返回。	1. 讲明游戏方式和方法。 2. 提示注意事项。 3. 加长练习距离，总结并提出要求。 4. 引导学生进行游戏小结。	1. 组长带领组内学生尝试练习。 2. 聆听练习要求。 3. 分组练习，4 人一组。 4. 积极练习。 5. 学会自评和互评。	四列横队： × × ○ ○ ○ ▲ × × ○ ○ ○ ▲ × × ○ ○ ○ ▲ × × ○ ○ ○ ▲ × × ○ ○ ○ ▲ × × ○ ○ ○ ▲ ★	1—2 2—3 1—2	1 分 30 秒 1 分 30 秒 1 分	大—中

续表

<table>
<tr><th rowspan="2">具体内容</th><th rowspan="2">要求</th><th colspan="2">活动方法</th><th rowspan="2">组织形式</th><th colspan="3">运动负荷</th></tr>
<tr><th>教师活动</th><th>学生活动</th><th>次数/次</th><th>时间</th><th>强度</th></tr>
<tr><td colspan="8">【设计意图】游戏“接力跑”中融入了快速跑和折返的方式和方法，让学生在游戏中继续体会跑的方式，培养学生的快速反应能力。</td></tr>
<tr><td>闭目养心法（在音乐的伴奏下）。</td><td>通过调整呼吸节奏放松身体，调节心情。</td><td>带领学生一起练习。提示要求，启发与激励。</td><td>跟随教师一起练习。</td><td>放松队形：
×××××××
×××××××
○○○○○○○
○○○○○○○
★</td><td>1</td><td>1分30秒</td><td>小</td></tr>
<tr><td>1. 活动小结。
2. 收还器材。
3. 师生再见。</td><td>能进行自评和互评。</td><td>启发学生小结并评价。</td><td>自评和互评。</td><td>四列横队。</td><td>1</td><td></td><td>小</td></tr>
<tr><td colspan="8">【设计意图】学生都坐到地上放松，交流活动感受。</td></tr>
</table>

<table>
<tr><td colspan="6">预计效果</td><td>场地器材</td><td>靶 30 个，音响设备 1 套，标志筒 6 个。</td></tr>
<tr><td>平均心率</td><td>135 次/分</td><td>练习密度</td><td>40%</td><td>强度指数</td><td>1.4</td><td rowspan="4">活动小结</td><td rowspan="4"></td></tr>
<tr><td colspan="3">愉悦感</td><td colspan="3">对今后活动的期望度</td></tr>
<tr><td>好</td><td>中</td><td>差</td><td>强</td><td>中</td><td>弱</td></tr>
<tr><td></td><td></td><td></td><td></td><td></td><td></td></tr>
</table>

冬季三项社团跳绳活动设计

一、活动意义

本活动遵循“以身体练习为主要手段，以学习体育与健康知识、技能和方法为主要内容，以增进学生健康、培养学生终身体育意识和能力为主要目标”的课程性质，依据体育课程的四个基本理念，结合小学生的生理、心理特点，从学校的实际出发，充分调动学生的学习积极性，发展学生的思维创造力。本活动从培养学生的个性、能力入手，采用了灵活多样的活动形式，在教学过程中体现了创新精神，充分发挥了学生的潜能，让学生展示自我，投入花式跳绳学习中。

二、学情分析

本活动对象是小学五年级社团学生。他们对体育活动有广泛的兴趣，喜欢学习别人的运动技巧，有一定的自信心，团体意识逐渐加强，但有时会高估自己的能力。

教师有针对性地选择有效的教学策略，在教学中应针对学生的心理和生理特点，灵活安排多样的跳法练习。教师在活动中创设公平竞争的环境，留给学生一定的活动空间，让学生自由学习，让学生在参与活动的过程中获得成就感和集体荣誉感。

三、活动目标

（1）能说出花式跳绳的动作名称与方法。

（2）做出花式跳绳的动作。

（3）培养不怕困难的意志品质，在练习中敢于创新。

四、活动重点和难点

活动重点：花式跳绳的方法。

活动难点：动作协调配合一致。

五、活动流程

（1）准备部分：自由尝试练习，激发学生自主参与热身活动的热情。

（2）基本部分：贴近学生生活实际，安排不同人次的合作跳练习（双人花式、三人花式、多人花式等），让学生学会与同伴配合，让学生体会集体的力量，感受跳绳运动带来的快乐，从而达成预期的教学目标。

（3）拓展练习：“快快跳起”中融入了快速跳闪的方式和方法，让学生在游戏中继续体会跳的方式，培养学生快速反应能力，同时体现一物多用的理念，最大程度发挥器材的作用。

六、活动前准备

场地器材：跳绳 30 根，音箱 1 套，标志筒 6 个。

七、预计活动的运动负荷

预计学生的平均心率为 155 次/分，练习密度为 55%，强度指数为 1.6。

冬季三项社团跳绳活动教案

<table>
<tr><td colspan="3">社团名称</td><td colspan="5">冬季三项</td></tr>
<tr><td>活动内容</td><td colspan="7">花式跳绳与游戏。</td></tr>
<tr><td>活动目标</td><td colspan="7">1. 说出花式跳绳的动作名称与方法。
2. 做出花式跳绳的动作。
3. 培养不怕困难的意志品质，在练习中敢于创新。</td></tr>
<tr><td>活动重点</td><td colspan="3">花式跳绳的方法。</td><td>活动难点</td><td colspan="3">动作协调配合一致。</td></tr>
<tr><td colspan="2" rowspan="2">具体内容</td><td rowspan="2">要求</td><td colspan="2">活动方法</td><td rowspan="2">组织形式</td><td colspan="3">运动负荷</td></tr>
<tr><td>教师活动</td><td>学生活动</td><td>次数/次</td><td>时间</td><td>强度</td></tr>
<tr><td colspan="2">活动常规：
1. 整队。
2. 师生问好。
3. 安排见习生，宣布活动内容和要求。</td><td>强化纪律教育和安全意识。</td><td>话语提示，启发与互动。</td><td>整队快、静、齐。</td><td>四列横队：
××××××
××××××
○○○○○○
○○○○○○
★</td><td></td><td></td><td></td></tr>
</table>

续表

具体内容	要求	活动方法		组织形式	运动负荷		
		教师活动	学生活动		次数/次	时间	强度
1. 小游戏“春天到花儿开”。 2. 自我尝试跳绳练习。	保持正确的身体姿势，精神饱满。	口令指挥，示范与启发，评价与激励。	集体练习，听口令。	四列横队。 圆形跑位。	1	1 分	小
准备活动：韵律绳操《挖呀挖》。	精神饱满，充满活力，富有激情，积极参与动作的练习。	音乐伴奏，教师示范，语言提示。	集体练习。	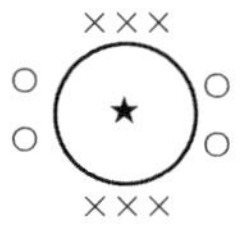	9 节 4×8	2 分 30 秒	中
【设计意图】组织学生自主尝试跳绳练习，促使学生进入上课状态。小游戏“春天到花儿开”让学生快速集中注意力，为本课学习做好铺垫；通过韵律绳操，学生在音乐的伴奏下快乐地完成练习. 指导学生热身的同时，激发学生的运动热情。							
花式跳绳 1. 一人花式。 2. 双人花式。 3. 三人花式。 4. 多人花式。 5. 一根绳。 6. 两根绳。 7. 三根绳。 8. 长绳。	知道花式跳绳的方法和动作要领，并能积极参与练习。 培养团队合作精神。 注意练习时的间距，练习时强调练习安全。	1. 说明要求，强调活动的安全性。 2. 观察并指导。 3. 评价小结，导入本课内容。 4. 讲明要求。 5. 示范动作方法，突出重难点。 6. 提示动作。 7. 巡视并参与练习，指导动作。 8. 积极指导练习。 9. 组织动作展示。 10. 举行小组比赛，评选最佳表现奖。	1. 自由组织练习。 2. 积极投入练习。 3. 认真听讲。 4. 尝试练习。 5. 积极参与动作展示。 6. 边想边练习。 7. 根据要求主动练习。	体育馆分成四组站位。 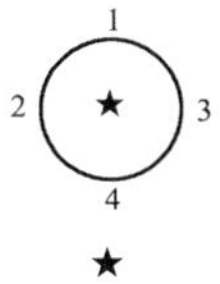	3—4 4—6 2—3 3—4 3—4 1—2 1—2	1 分 2 分 30 秒 1 分 30 秒 2 分 30 秒 2 分 1 分 1 分	中 中 中—大
【设计意图】该项目贴近学生生活实际，教师安排不同人次的合作跳练习（双人花式、三人花式、多人花式等），让学生学会与同伴配合，让学生体会集体的力量，感受跳绳运动带来的快乐。							

续表

具体内容	要求	活动方法：教师活动	活动方法：学生活动	组织形式	运动负荷：次数/次	运动负荷：时间	运动负荷：强度
游戏“快快跳起”。 （游戏方法：学生分成6组，前后相距1米左右。各组两人持跳绳一端站在队前。听到指令后，持绳队员共同持跳绳向队尾跑去，各队队员依次迅速跳起来，使绳从脚下通过。依次进行。先跳完的组取胜）	游戏规则： 1. 哨音响时开始比赛。 2. 途中跳绳落地，可将跳绳捡起，继续跳。 3. 变化游戏形式，提高游戏难度，强调游戏安全。	1. 讲明游戏方式和方法。 2. 提示注意事项。 3. 组织讨论练习体会。 4. 加大练习难度，总结并提出要求。 5. 组织再次展示。 6. 引导学生总结。	1. 组长带领组内学生尝试练习。 2. 聆听练习要求。 3. 分组练习，5—6人一组。 4. 积极练习，主动参与。 5. 学会自评和互评。	六列横队： ××○○○▲ ××○○○▲ ××○○○▲ ××○○○▲ ××○○○▲ ××○○○▲ ★	1 2—3 2—3 1—2	1分 1分30秒 1分30秒 1分30秒	大 | 中
【设计意图】游戏“快快跳起”中融入了快速跳闪的方式和方法，让学生在游戏中继续体会跳的要领，培养学生的快速反应能力，同时体现一物多用的理念，最大程度发挥器材的作用。							
绳操放松（在音乐的伴奏下）	通过呼吸节奏放松身体，调节心情。	带领学生一起练习。	跟随教师一起练习。	放松队形： ××××××× ××××××× ○○○○○○○ ○○○○○○○ ★	1	1分30秒	小
1. 活动小结。 2. 收还器材。 3. 师生再见。	能进行自评和互评。	启发学生小结，教师评价。	自评和互评。	四列横队。	1		小
【设计意图】把跳绳锻炼活动延伸到课外，逐渐培养学生自主锻炼的习惯。							

预计效果						场地器材	跳绳30根，音箱1套，标志筒6个。
平均心率	155次/分	练习密度	55%	强度指数	1.6	活动小结	
愉悦感			对今后活动的期望度				
好	中	差	强	中	弱		

健美操社团黄金级套路A组活动设计

一、活动意义

黄金级套路A组活动融合了健美操的基本步伐和基本手型，动作难度中等，动作优美，易于激发学生的学习兴趣。

二、学情分析

活动对象为六年级健美操社团的学生，学生的健美操动作水平虽然有差异，但学生整体的身体素质都比较好，学生的组织纪律性和集体荣誉感很强，学生有较强的思维能力、创造能力，善于学习。经过几次健美操基本步伐和简单动作的组合学习，学生已经掌握了健美操的基本动作要点，能够协调、规范地完成组合动作。

三、活动目标

1. 乐于参加健美操的学习，并在活动中增强自信心。

2. 掌握黄金级套路A组基本动作。

3. 通过小组创编队形的练习，培养学生创新精神，学会尊重别人，并听取别人的意见，互帮互学，培养良好的团队合作精神。

四、活动重点和难点

活动重点：掌握黄金级套路A组基本动作。

活动难点：在音乐的伴奏下，完成队形的变换。

五、活动流程

（1）准备部分：教师打破传统的教学方法，让学生在充分热身的过程中复习和巩固学习过的动作组合，同时提高学生的表现力和感染力。

（2）基本部分：教师分解动作，使学生形成正确的动作概念；教师运用递加法、完整法、分解法、节奏变换法等方法，使学生逐步学习动作组合。以8～9人为单位，以小组自学的形式学习相反方向的动作，让学生在自学自练的过程中逐渐发现问题，然后带着问题去学习，并解决问题。组长发挥带头作用，带领组员相互学习，相互促进，发扬团结协作的精神。教师个别指导，使不同的学生在原有的基础上都可以有不同程度的提高，教师检验学生的自学成果，并带领学生跟随音乐练习，提高动作的规范性。

（3）拓展练习：学生在熟练掌握动作的基础上，将健美操创编理论知识与本节课所学的新知识相结合，以小组的形式，由组长带领组员积极参与队形的创编练习，让学生能够真正地将理论知识运用到实践中去，从而培养学生的学习兴趣，开拓学生的创编思维，给学生自由发展的空间，培养学生的创新意识和团队协作精神。

六、活动前准备

场地器材：音响设备1套。

七、预计活动的运动负荷

预计学生的平均心率为148次/分，练习密度为47%，强度指数为1.5。

健美操社团黄金级套路 A 组活动教案

社团名称	健美操		
活动内容	健美操黄金级套路 A 组基本动作。		
活动目标	1. 乐于参加健美操的学习,并在活动中增强自信心。 2. 掌握黄金级套路 A 组基本动作。 3. 通过小组创编队形的练习,培养学生的创新精神,学会尊重别人,并听取别人的意见,互帮互学,培养良好的团队合作精神。		
活动重点	掌握黄金级套路 A 组基本动作。	活动难点	在音乐的伴奏中,完成队形的变换。

具体内容	要求	活动方法		组织形式	运动负荷		
		教师活动	学生活动		次数/次	时间	强度
活动常规: 1. 整队。 2. 师生问好。 3. 安排见习生,宣布活动内容及要求。	强化纪律教育。	话语提示,启发与互动。	整队快、静、齐。	四列横队: × × × × × × × × × × ○○○○○○ ○○○○○○ ★			
小游戏“桃花朵朵开”。	保持正确的身体姿势。	口令指挥,示范与启发,评价与激励。	集体练习,听口令。	圆形站队。	1	2 分	小
准备活动: 1. 一字步。 2. “V”字步。 3. 踏步双并步。 4. “A”字步身。 5. 后交叉步。 6. 并步。 7. 跑步。 8. 开合跳、跳跳步。 9. 弓步。	精神饱满,充满活力。	示范,语言提示。	集体练习。	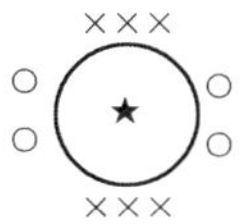	9 节 4 × 8	2 分 30 秒	中 中

【设计意图】教师在活动准备部分组织学生做小游戏热身,促使学生快速进入上课状态;通过步法韵律操,学生在音乐的伴奏下快乐地完成练习,激发运动热情。

续表

具体内容	要求	活动方法		组织形式	运动负荷		
		教师活动	学生活动		次数/次	时间	强度
健美操:黄金级套路 A 组基本动作 黄金级套路 A 组基本动作(左脚开始 4 × 8 拍)。 (1)一字步 + 上肢动作。 (2)并步 + 上肢动作。 (3)V 字步 + 上肢动作。 (4)迈步后屈腿 + 上肢动作。	知道健美操步法和动作要领，并积极参与练习。 培养团队合作精神。 注意练习时的间距，练习时强调安全。	1. 说明要求，强调活动的安全性。	1. 自由组织练习。	体育馆分成四组站位。 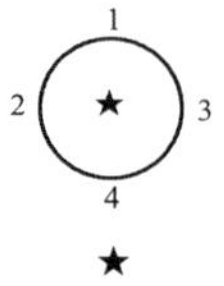	3—4	1 分	中
		2. 观察并指导。	2. 积极投入练习。		2—3	1 分 30 秒	
		3. 评价小结，导入本课内容。	3. 认真听讲。				
		4. 示范动作方法，突出重难点。	4. 尝试练习。		2—3	3 分 30 秒	中
		5. 提示动作。	5. 积极参与动作展示。		1—2	50 秒	
		6. 巡视并参与练习，指导动作。	6. 边想边练习。		1—2	50 秒	
		7. 积极指导练习。	7. 根据要求主动练习。		1—2	50 秒	中—大
		8. 组织动作展示。	8. 尝试练习。		2—3	1 分 20 秒	
		9. 举行小组比赛，评选最佳合作奖。	9. 参与评选。				

【设计意图】本活动贴近学生生活实际，教师先领做，再引导学生自主学习反方向动作，培养学生自主学练的意识。等学生掌握后，让学生协作变换队形、自主创编，培养学生的团队协作意识和自主创编能力。

续表

具体内容	要求	活动方法		组织形式	运动负荷		
		教师活动	学生活动		次数/次	时间	强度
游戏“快快跳起”。（游戏方法：学生分成6组，当短绳到脚下时，快快跳起，所有队员完成的小组获胜）	游戏规则： 1. 哨音响时开始比赛。 2. 变化游戏形式，提高游戏难度，强调游戏安全。	1. 讲明游戏方式和方法。 2. 提示注意事项。 3. 组织讨论练习体会。 4. 加大练习难度，总结并提出要求。 5. 组织再次展示。 6. 引导小结。	1. 组长带领组内学生尝试练习。 2. 聆听练习要求。 3. 分组练习，5—6人为一组。 4. 积极练习，主动参与。 5. 学会自评和互评。 6. 积极参与。	四列横队： ××○○○▲ ××○○○▲ ××○○○▲ ××○○○▲ ××○○○▲ ××○○○▲ ★	1 1—2 1—2 2—3 1	1分 1分 1分 1分30秒 1分	大—中
【设计意图】游戏“快快跳起”中融入了快速跳闪的方式和方法，让学生在游戏中继续体会跳的方式。							
舞蹈《雪花》跟练放松（在音乐的伴奏下）。	通过调整呼吸节奏，放松身体，调节心情。	带领学生一起练习舞蹈。	跟随教师一起练习。	放松队形： ××××××× ××××××× ○○○○○○○ ○○○○○○○ ★	1	1分30秒	小
1. 活动小结。 2. 收还器材。 3. 师生再见。	自评和互评。	启发学生小结并评价。	自评和互评。	四列横队。	1		小
【设计意图】把健美操活动延伸到课外，帮助学生逐渐养成自主锻炼的习惯。							

<table>
<tr><td colspan="6">预计效果</td><td>场地器材</td><td>音响设备1套。</td></tr>
<tr><td>平均心率</td><td>148次/分</td><td>练习密度</td><td>47%</td><td>强度指数</td><td>1.5</td><td rowspan="4">活动小结</td><td rowspan="4"></td></tr>
<tr><td colspan="3">愉悦感</td><td colspan="3">对今后活动的期望度</td></tr>
<tr><td>好</td><td>中</td><td>差</td><td>强</td><td>中</td><td>弱</td></tr>
<tr><td></td><td></td><td></td><td></td><td></td><td></td></tr>
</table>

轮滑社团身体重心控制与fish过桩活动设计

一、活动意义

轮滑运动是小学生十分喜爱的一项运动，它集竞争性、艺术性、游戏性、健身性于一体。轮滑运动能增强学生的肌肉力量，发展学生的速度、力量、耐力、灵敏、柔韧等身体素质，提高学生控制身体重心和保持身体平衡的能力，培养学生勇敢、顽强等意志品质及安全运动的意识。身体重心控制与fish过桩活动设计是轮滑运动的基础练习。

二、学情分析

活动对象是小学五年级社团学生。他们对体育活动有广泛的兴趣，喜欢学习动作技术，有一定自信心，团体意识逐渐加强，但有时会高估自己的能力。教师应针对性地选择有效的教学策略，针对学生的心理和生理特点，灵活安排多样的跳法练习，并在活动中营造公平竞争的氛围，留给学生一定的活动空间，让学生自由学习，让学生在参与活动中获得成就感和集体荣誉感。

三、活动目标

（1）掌握重心的控制。

（2）掌握利用身体重心移动的蹬地技术。

四、活动重点和难点

活动重点：身体重心的控制。

活动难点：下肢支撑力的控制。

五、活动流程

（1）准备部分：首先通过小游戏“松鼠与大树”的导入，快速集中学生的注意力，紧接着通过韵律操，学生在音乐的伴奏下快乐地完成练习，激发活动热情。

（2）基本部分：教师讲解重心控制及过桩的方法，使学生形成正确的动作概念。通过游戏“轮滑接力赛”提高练习难度，鼓励学生在确保安全的状态下竞争。

（3）结束部分：师生一同练习拍打操，缓解肌肉紧张，调节气息，帮助身体恢复。活动小结环节教师让学生自评与互评，培养学生自主管理、学习、认识与反思等能力。

六、活动前准备

篮球场。

七、预计活动的运动负荷

预计学生的平均心率为 155 次/分，练习密度为 55%，强度指数为1.5。

轮滑社团身体重心控制与 fish 过桩活动教案

社团名称		轮滑社团	
活动内容	身体重心控制与 fish 过桩。		
活动目标	1. 掌握重心的控制。 2. 掌握利用身体重心移动的蹬地技术。		
活动重点	身体重心的控制。	活动难点	下肢支撑力的控制。

续表

具体内容	要求	活动方法		组织形式	运动负荷		
		教师活动	学生活动		次数/次	时间	强度
课堂常规： 1. 整队，检查人数。 2. 师生问好。 3. 宣布活动内容及要求。	一切听指挥。	语言提示，启发与互动。	整队快、静、齐。	四列横队： × × × × × × × × × × ○ ○ ○ ○ ○ ○ ○ ○ ○ ○ ★			
小游戏“松鼠与大树”。	保持正确的身体姿势，精神饱满。	口令指挥，示范与启发，评价与激励。	集体练习，听口令。	四列横队。 圆形跑位。	1	2 分	
准备活动：韵律操《滑呀滑》。	积极参与动作的练习。	音乐伴奏，教师示范，语言提示。	集体练习。	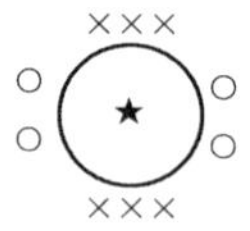	9 节 4×8	2 分 30 秒	中 中
【设计意图】通过韵律操，学生在音乐的伴奏下快乐地完成练习，教师指导学生热身的同时激发学生的运动热情。							
重心控制练习与 fish 过桩练习。	双脚并拢，上身保持略微前倾。膝盖微曲，利用腰部的力量过桩，保持节奏。	1. 说明要求，强调活动的安全性。 2. 评价和小结，导入本课内容。 3. 讲明要求。 4. 示范动作方法，突出重难点。 5. 提示动作。 6. 巡视并参与练习，指导动作。 7. 积极指导练习。 8. 举行小组比赛，评选最佳表现奖。	1. 自由组织练习。 2. 认真听讲。 3. 尝试练习。 4. 积极参与动作展示。 5. 边做边想。 6. 根据要求主动练习。 7. 主动参与。 8. 积极参与。	体育馆分成四组站位。 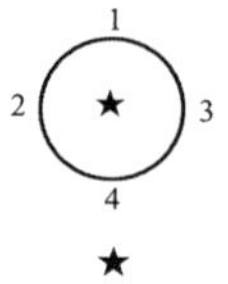	3—4 4—6 2—3 4—6 1—2 1—2	1 分 2 分 30 秒 1 分 30 秒 2 分 30 秒 1 分 1 分	中 中 中|大

续表

具体内容	要求	活动方法		组织形式	运动负荷		
		教师活动	学生活动		次数/次	时间	强度
游戏“轮滑接力赛”。	1. 哨音响时，开始比赛。 2. 变化游戏形式，提高游戏难度，强调游戏安全。 3. 敢于竞争。	1. 讲明游戏方式和方法。 2. 提示注意事项。 3. 组织讨论练习体会。 4. 加大练习难度，总结并提出要求。 5. 组织再次展示。 6. 引导小结。	1. 组长带领组内学生尝试练习。 2. 聆听练习要求。 3. 分组练习，5—6人一组。 4. 积极练习，主动参与。 5. 积极参与。 6. 学会自评和互评。	四列横队： ×××××× ▲ ×××××× ▲ ○○○○○○ ▲ ○○○○○○ ▲ ★	1 1—2 3—4 1	1分 1分30秒 2分30秒 1分	大—中
放松（在音乐的伴奏下）。	拍打节奏，放松身体，调节心情。	一起练习，提示要求，启发和激励。	跟随教师一起练习。	放松队形： ×××××× ×××××× ○○○○○○ ○○○○○○ ★	1	1分30秒	小
1. 活动小结。 2. 收还器材。 3. 师生再见。	自评和互评。	启发学生小结并评价。	自评和互评。	四列横队。	1		小

预计效果						场地器材	—
平均心率	155次/分	练习密度	55%	强度指数	1.5	活动小结	
愉悦感			对今后活动的期望度				
好	中	差	强	中	弱		

轮滑社团自行车活动设计

一、活动意义

学校通过开展轮滑社团自行车活动，倡导绿色出行，引导学生热爱生活、关注健康、关心城市、保护环境，加强对生活环境和健康生活方式的关注。本活动在形式上采用了灵活多样的练习方法，从培养学生的个性、能力入手，在教学过程中体现创新精神，充分发挥学生的潜能，让学生积极展示自我，投入学习活动中。

二、学情分析

自行车活动的对象是二年级的学生，这个阶段的学生年龄小，注意力不集中，兴趣难持久，自我约束能力不强，对体育课的认识不足，但对自行车活动有兴趣，且他们的模仿能力较强。

三、活动目标

（1）基本能够记住自行车基础训练的动作，做到动作正确、协调。

（2）85%的学生基本能够完成连贯练习，进一步发展身体的灵敏、柔韧、协调等素质。

（3）乐于观察、积极体验。

四、活动重点和难点

活动重点：保持身体平衡。

活动难点：上下肢动作协调。

五、活动前准备

场地器材：自行车 30 辆。

六、预计活动的运动负荷

预计学生的平均心率为 155 次/分，练习密度为 52%，强度指数为 1. 6。

轮滑社团自行车活动教案

<table>
<tr><td colspan="4">社团名称</td><td colspan="5">轮滑社团</td></tr>
<tr><td>活动内容</td><td colspan="8">自行车骑行。</td></tr>
<tr><td>活动目标</td><td colspan="8">1. 基本能够记住自行车基础训练的动作，做到动作正确、协调。
2. 85% 的学生基本能够完成连贯练习，进一步发展身体的灵敏、柔韧、协调等素质。
3. 乐于观察、积极体验。</td></tr>
<tr><td>活动重点</td><td colspan="3">保持身体平衡。</td><td>活动难点</td><td colspan="4">上下肢动作协调。</td></tr>
<tr><td colspan="2" rowspan="2">具体内容</td><td rowspan="2">要求</td><td colspan="2">活动方法</td><td rowspan="2">组织形式</td><td colspan="3">运动负荷</td></tr>
<tr><td>教师活动</td><td>学生活动</td><td>次数/次</td><td>时间</td><td>强度</td></tr>
<tr><td colspan="2">活动常规：
宣布活动内容和要求。</td><td>具有安全意识。</td><td>语言提示，启发与互动。</td><td>整队快、静、齐。</td><td>四列横队：
× × × × ×
× × × × ×
○○○○○○
○○○○○○
★</td><td></td><td></td><td></td></tr>
<tr><td colspan="2">小游戏“骑高马”。</td><td>身体姿势要正确。</td><td>口令指挥，示范与启发。</td><td>集体练习，听口令。</td><td>四列横队。

圆形跑位。</td><td>1</td><td>2 分</td><td>小</td></tr>
<tr><td colspan="2">热身操：
1. 头部运动。
2. 肩部运动。
3. 扩胸运动。
4. 体转运动。
5. 膝关节运动。
6. 弓步压腿运动。
7. 腕踝关节运动。</td><td>积极参与动作的练习。</td><td>1. 讲解慢跑的要求，并用口令指挥学生进行练习。
2. 讲解、示范，然后学生在教师口令的带领下进行练习。</td><td>活动关节，牵拉韧带。</td><td></td><td>7 节
4 × 8</td><td>3 分
30 秒</td><td>中

中</td></tr>
<tr><td colspan="9">【设计意图】通过热身操，学生在教师的指令下快乐地完成练习，教师指导学生热身的同时激发学生的运动热情。</td></tr>
</table>

续表

具体内容	要求	活动方法		组织形式	运动负荷		
		教师活动	学生活动		次数/次	时间	强度
自行车基础训练。	能配合好动作，动作协调、正确。遵守练习的规则和要求。	1. 讲解、示范动作的方法。 2. 指导学生做分解动作练习，提示重点。 3. 组织学生进行连贯动作的练习。 4. 讲评，指导动作，提示难点，提高动作质量。 5. 组织学生进行连贯的动作练习。	1. 观察，听讲，了解学习内容。 2. 跟随教师的口令练习，分解动作，掌握重点动作。 3. 进行连贯动作的练习。 4. 了解动作存在的问题。 5. 进行连贯的动作练习。	组织： 散点。	3—4 4—6 4—6	2分30秒 3分 2分30秒	中 中
游戏“摇船”。	1. 讲解游戏规则与方法。 2. 组织学生进行游戏比赛。 3. 鼓励优胜小组。	1. 讲明游戏的方式和方法。 2. 提示注意事项。 3. 组织讨论练习体会。 4. 加大练习难度，总结并提出要求。 5. 组织并再次展示。 6. 引导小结。	1. 认真听讲比赛的方法与规则。 2 积极参加比赛。 3. 为优胜小组鼓掌。 4. 在游戏中注意安全。 5. 积极参与。 6. 自我评价。	四列横队： ××××××× ××××××× ××××××× ××××××× ★	1 1—2 2—3	1分 2分30秒 2分30秒	大—中
放松（在音乐的伴奏下）。	通过拍打节奏放松身体，调节心情。	带领学生一起练习，提示要求，启发与激励。	跟随教师一起练习。	放松队形： ××××××× ××××××× ××××××× ××××××× ★	1	1分30秒	小
1. 活动小结。 2. 收还器材。 3. 师生再见。	自评和互评。	启发小结评价。	自评和互评。	四列横队。	1		小

续表

<table>
<tr><td colspan="6">预计效果</td><td>场地器材</td><td>自行车 30 辆。</td></tr>
<tr><td>平均心率</td><td>155 次/分</td><td>练习密度</td><td>52%</td><td>强度指数</td><td>1.6</td><td rowspan="4">活动小结</td><td rowspan="4"></td></tr>
<tr><td colspan="3">愉悦感</td><td colspan="3">对今后活动的期望度</td></tr>
<tr><td>好</td><td>中</td><td>差</td><td>强</td><td>中</td><td>弱</td></tr>
<tr><td></td><td></td><td></td><td></td><td></td><td></td></tr>
</table>

击剑社团弓步劈靶活动设计

一、活动意义

击剑是一种融合了策略、技巧、速度与力量的竞技艺术，历史悠久。现代击剑注重技艺和美观，击剑者需要出色的身体素质、剑术技巧及洞察力。速度与力量结合，策略与智慧博弈，是一种极具观赏性的竞技运动。弓步劈靶活动是击剑项目中的基本技术，在练习中培养学生勇于拼搏、敢于竞争的精神。

二、学情分析

社团活动对象是小学四年级的学生，该年龄段的学生身体灵活性较高，反应较快，有强烈的求知欲，容易接受新鲜事物，善于模仿。通过前两次课的学习，学生已经对击剑运动有了一个初步的认识，并且已经掌握了基本动作，这为本次课学习弓步劈靶奠定了基础。

在活动中应针对学生的心理和生理特点，灵活安排多样的跳法练习，在活动中营造公平竞争的氛围，留给学生一定的活动空间，让学生自由学习，使学生在参与活动中获得成功感和集体荣誉感。

三、活动目标

（1）了解佩剑运动的基本知识，掌握持剑方法及实战姿势。

（2）体验击剑运动的魅力，培养学生对击剑运动的兴趣。

（3）掌握基本的步伐移动，提高学生的反应速度、下肢的爆发力，以及身体的灵敏性和协调性。

四、活动重点和难点

活动重点：实战姿势的掌握。

活动难点：动作配合协调、一致。

五、活动流程

具体活动流程见图 3-1。

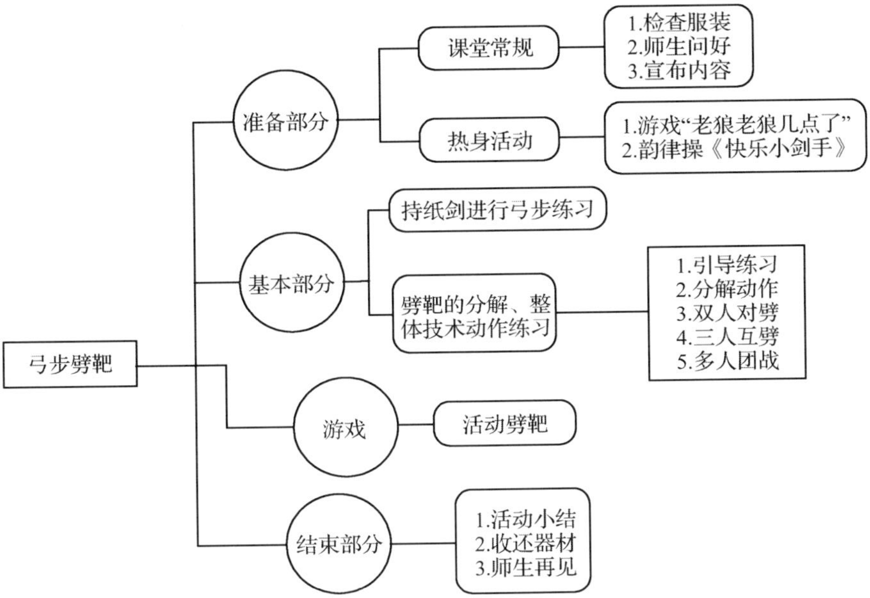

图 3-1　击剑社团弓步劈靶活动流程

六、活动前准备

场地器材：自制纸剑，教学挂图，标志桶，标志靶，音响设备 1 套。

七、预计活动的运动负荷

预计课的平均心率为 148 次/分，练习密度为 47%，强度指数为 1.5。

击剑社团弓步劈靶活动教案

社团名称			击剑社团
活动内容	学习击剑中弓步劈靶的实战姿势。		
活动目标	1. 了解佩剑运动的基本知识，掌握持剑方法及实战姿势。 2. 体验击剑运动的魅力，培养学生对击剑运动的兴趣。 3. 掌握基本的步伐移动，提高学生的反应速度、下肢的爆发力，以及身体的灵敏性和协调性。		
活动重点	实战姿势的掌握。	活动难点	动作配合协调、一致。

具体内容	要求	活动方法		组织形式	运动负荷		
		教师活动	学生活动		次数/次	时间	强度
课堂常规： 1. 师生问好。 2. 宣布活动内容及要求。	具有安全意识。	语言提示，启发与互动。	一切听从指挥。	四列横队： × × × × × × × × × × ○○○○○○ ○○○○○○ ★			
小游戏“老狼老狼几点了”。	精神饱满，积极参与游戏。	口令指挥，示范与引导，调动情绪。	集体游戏，听口令。	同心圆活动。	1	2 分	小
韵律操《快乐小剑手》。	富有激情，积极参与动作的练习。	音乐伴奏，示范与引导，语言提示。	集体练习。	四列横队。	4 ×8	2 分 30 秒	中
【设计意图】做游戏“老狼老狼几点了”，促使学生迅速进入上课状态。通过韵律剑操，学生在音乐的伴奏下快乐地完成练习，教师指导学生热身的同时激发学生的运动热情。							
持纸剑完成弓步劈靶的分解、整体动作技术练习。 1. 引导练习。 2. 分解动作。 3. 双人对劈。 4. 三人互劈。 5. 多人团战。	知道弓步劈靶的方法和动作要领，并能积极参与练习。 培养团队合作精神。 注意练习时的间距，强调练习安全。	1. 说明要求，强调活动安全性。 2. 观察并指导。 3. 评价小结，导入本课内容。	1. 自由组织练习。 2. 积极投入练习。 3. 认真听讲。	体育馆分成四组站位。 × × × × × ○ × ○ × ○ × ○ × ○ × ○○○○○○ ★	3—4	1 分	中
		4. 示范动作方法，突出重难点。	4. 积极参与动作展示。		2—3	2 分	
		5. 提示动作。	5. 边想边练习。		2—3	2 分	中
		6. 巡视并参与练习，指导动作。	6. 根据要求主动练习。		4—6	3 分	
		7. 积极指导练习。	7. 主动参与。		1—2	1 分	中—大
		8. 组织动作展示。	8. 认真观看。				

续表

活动时间	具体内容	要求	活动方法		组织形式	运动负荷		
			教师活动	学生活动		次数/次	时间	强度
【设计意图】联系生活实际，安排不同人次的合作劈靶练习（双人对劈、三人互劈等），让学生在练习中能做到同伴间协调配合，控制好速度。让学生在练习中体会集体的力量，感受运动带来的快乐。								
游戏“活动劈靶”。		游戏规则： 1. 哨音响时开始比赛。 2. 每人劈靶时不得掉剑，若掉剑，视为输。	1. 讲明游戏方式和方法。 2. 提示注意事项。 3. 组织讨论练习体会。 4. 加大练习难度，总结并提出要求。 5. 组织再次展示。 6. 引导小结。	1. 组长带领组内学生尝试练习。 2. 聆听练习要求。 3. 分组练习，5—6 人为一组。 4. 积极练习，主动参与。 5. 积极参与。 6. 学会自评和互评。	四列横队： ××××××▲ ××××××▲ ○○○○○○▲ ○○○○○○▲ ★	1 1—2 1—2	1 分 1 分 30 秒 1 分 30 秒 1 分	大—中
【设计意图】游戏“活动劈靶”中融入了团队协作的方式和方法，让学生在游戏中继续体会弓步劈靶的方式，培养学生快速反应能力，同时体现一物多用，最大限度发挥器材的作用。								
击剑的敬礼、握手放慢，并在音乐的伴奏下调节呼吸。		通过调整呼吸节奏放松身体，调节心情。	带领学生一起练习，让学生学会尊重对手、尊重裁判。	跟随教师一起练习。	放松队形： ×××××× ×××××× ○○○○○○ ○○○○○○ ★	1	1 分 30 秒	小
1. 活动小结。 2. 收还器材。 3. 师生再见。		自评和互评。	启发学生小结并评价。	自评和互评。	四列横队。	1		小
【设计意图】把击剑运动延伸到课外，让体育运动成为学生的一种生活习惯，帮助学生逐渐养成自主锻炼的习惯。								

预计效果						场地器材	自制纸剑，教学挂图，标志桶，标志靶，音响设备 1 套。
平均心率	148 次/分	练习密度	47%	强度指数	1.5	活动小结	
愉悦感			对今后活动的期望度				
好	中	差	强	中	弱		

第四章

体育社团活动培养学生核心素养的成果汇编

《基于体育社团活动培养小学生体育核心素养的实践研究》调查报告

一、调查时间、对象

调查时间：2019 年 10 月。

调查对象：苏州高新区长江小学校体育社团任课教师。

二、调查方法

问卷法。

三、调查结果分析

为了解学校体育社团活动的开展情况，以及学校体育社团活动对学生体育核心素养发展的影响，现对本校 13 名体育教师进行问卷调查与访谈，一共发放教师调查问卷 13 份，回收调查问卷 13 份，有效问卷 13 份，有效率 100%。

本次调查主要围绕体育社团任课教师以下几个方面展开。

1．您的性别是____________。

性别	男	女
人数/名	8	5

［对本校体育教师性别进行调查，本校共有男性体育教师 8 名，女性体育教师 5 名。］

2．您的年龄是____________。

年龄/岁	21—30	31—40	41—50	51—60
人数/人	9	2	2	0

[对本校体育教师年龄进行调查，本校 21—30 岁体育教师有 9 人，31—40 岁体育教师有 2 人，41—50 岁体育教师有 2 人，本校 21—30 岁之间的体育教师人数最多。]

3. 您的职称是____________。

职称	未定级	二级	一级	高级
人数/人	4	4	4	1

[对本校 13 名体育教师的职称情况进行调查，有 4 名教师还未定级，有 4 名体育教师为二级教师，有 4 名体育教师为一级教师，有 1 名高级教师。]

4. 您的学历是____________。

学历	研究生	本科	大专	中师或中专
人数/人	3	7	2	1

[经调查，在本校体育教师中，研究生学历的体育教师有 3 人，本科学历的体育教师有 7 人，大专学历的体育教师有 2 人，中师或中专学历的体育教师有 1 人；同时了解到大专或大专以下学历的体育教师都是年龄大一些的老教师，年轻体育教师学历普遍比较高。]

5. 您的专业是____________。

专业	体育教育	运动训练	民族传统体育	社会体育	其他
人数/人	10	2	1	0	0

[经调查，在本校体育教师中，体育教育专业教师最多，有 10 人，运动训练专业教师有 2 人，民族传统体育专业教师有 1 人。]

6. 您所教授的社团是____________。

社团名称	武术社团	足球社团	篮球社团	羽毛球社团	定测向社团
人数/人	1	5	3	2	2

[经调查，教授足球社团的体育教师人数最多，有 5 人，其次是篮球社团，有 3 人，羽毛球社团有 2 人，定测向社团有 2 人，武术社团有 1 人。]

7. 体育社团组织形式是什么？

由图 4-1 可知，有 15.38% 的体育社团组织形式是授课型，有 38.46%

的体育社团组织形式是实践型，有 7.69% 的体育社团组织形式是表演型，还有 38.47% 的体育社团组织形式是比赛型。

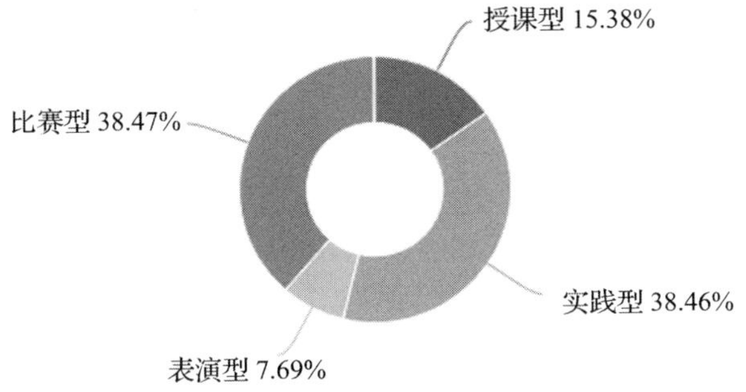

图 4-1　体育社团组织形式饼状图

8．体育社团教学方法有哪些？

由图 4-2 可知，教师主导占 46.15%，合作探究占 38.47%，自主探究占 15.38%。

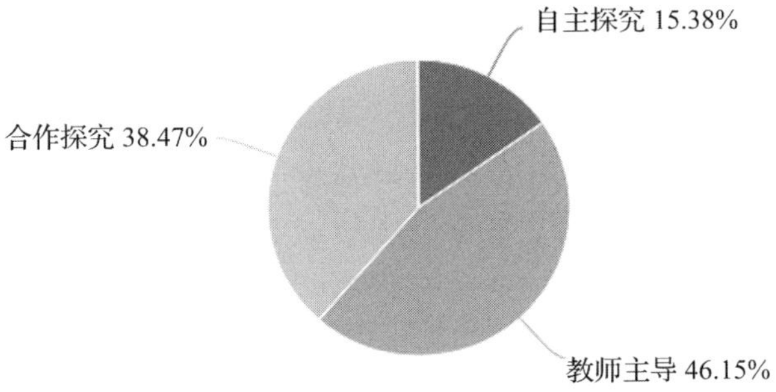

图 4-2　体育社团教学方法饼状图

9．体育社团的教学目的是什么？

由图 4-3 可知，注重学生运动技能占比达 46.15%，注重学生体育核心素养占比达 38.47%，注重学生社会参与和注重学生情感占比一致（7.69%）。

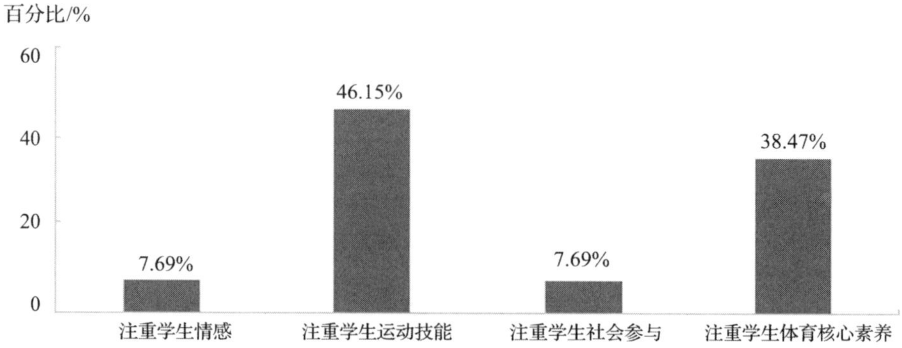

图 4-3　体育社团教学目的柱状图

10. 在体育社团中，您是如何培养学生对体育社团活动兴趣的？

由图 4-4 可知，教师通过多样的教学方法来提高学生的兴趣占比达 30.76%，通过合理的教学设计来提高学生的兴趣占比达 23.08%，通过丰富的教学内容来提高学生的兴趣占比达 23.08%，通过端正的教学态度来提高学生的兴趣占比达 23.08%。

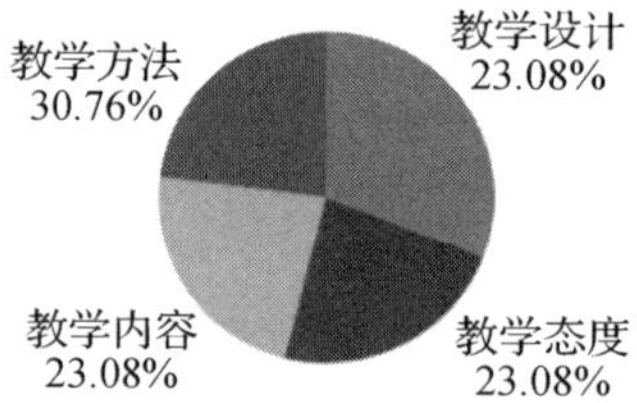

图 4-4　培养学生对体育社团活动兴趣的方式饼状图

11. 在体育社团中，您实施道德教育的方法有哪些？

由图 4-5 可知，教师以身作则占比达 30.77%，课堂上适时地进行道德教育占比达 23.08%，在学生放松时间讲一些先进人物事迹占比达 15.38%，课后与学生谈心，根据体育运动的特点对学生进行道德教育占比达 30.77%。

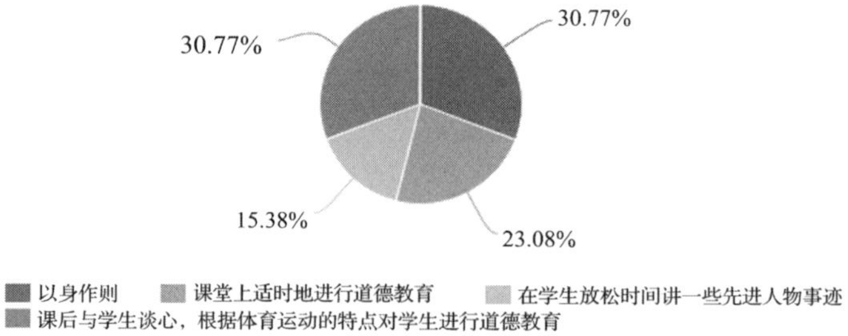

图 4-5　实施道德教育的方法饼状图

12. 在体育社团中，您主要运用哪种方式提升学生的创新素养?

由图4-6可知，合作创新占比达38.46%，自主创新占比达30.77%，引导创新占比达23.08%，其他创新占比达7.69%。

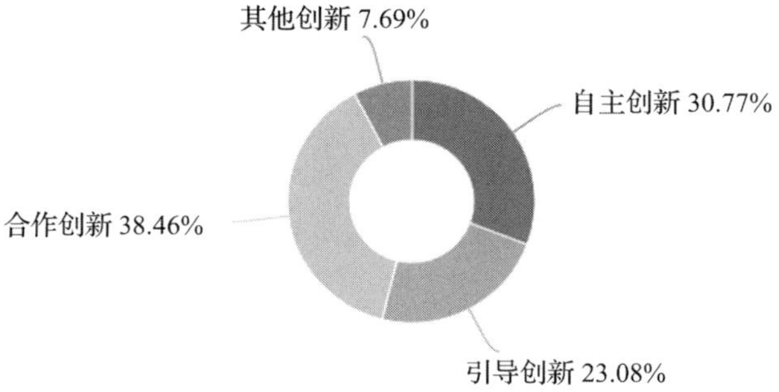

图4-6 提升学生创新素养方式饼状图

13. 为综合评估各学生体育社团活动质量，以便更好地开展体育社团活动，到目前为止，您认为学校的体育社团活动质量如何?

由图4-7可知，61.54%的教师认为体育社团活动质量比较好，有38.46%的教师认为体育社团活动质量一般，没有教师认为体育社团活动质量很差。

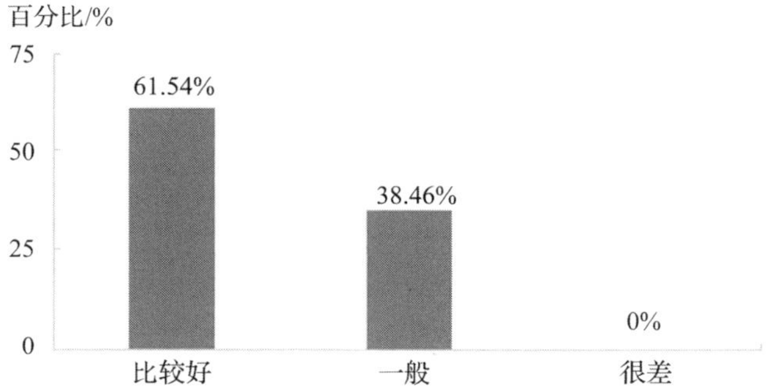

图4-7 体育社团活动质量柱状图

14. 您认为体育社团活动对我校特色运动队进一步选拔和培养人才有多大帮助?

由图4-8可知，有61.54%的教师认为体育社团活动对我校特色运动队进一步选拔和培养人才帮助特别大，30.77%的教师认为体育社团活动对我校特色运动队进一步选拔和培养人才帮助比较大，有7.69%的教师认为体育社团活动对我校特色运动队进一步选拔和培养人才作用一般。

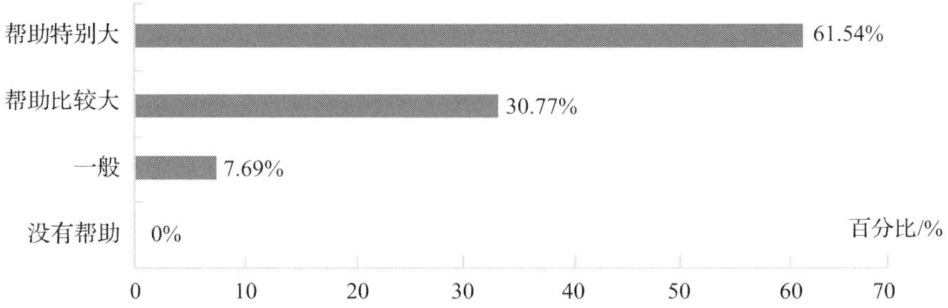

图 4-8　体育社团活动对学校运动队建设影响图

15. 您觉得体育社团活动对学校“一校一品”建设有促进作用吗?

由图 4-9 可知，15. 38% 的教师认为体育社团活动对我校“一校一品”建设有很大的促进作用。69. 24% 的教师认为体育社团活动对我校“一校一品”建设有比较大的促进作用，此外，有 15. 38% 的教师认为体育社团活动对我校“一校一品”建设的作用一般。

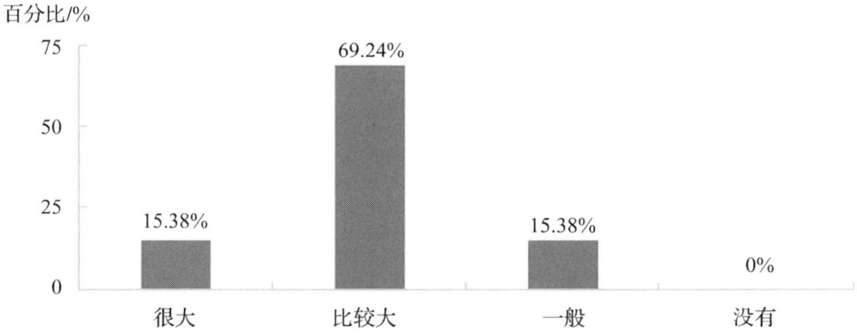

图 4-9　体育社团活动对学校“一校一品”建设促进作用柱状图

四、结论

学校体育社团对认真贯彻“阳光体育活动”精神，有效落实学校课外体育活动，落实“每天锻炼一小时”工作，是一种很好的补充，对于学生终身体育意识的养成、体育核心素养的培养都有积极的作用。调查结果显示，大部分教师认为体育社团活动对学校“一校一品”建设有较大的促进作用。

随着全民健身上升为国家战略，人们的健身意识、体质提升被列入重要的议事日程。下一步学校将积极发挥学校体育社团的作用，让师生在紧张的学习之余，通过各类体育社团活动，丰富课余生活，增强体质，涵养文化底蕴，为促进学生全面发展、培养学生体育核心素养发挥积极作用。

课后服务背景下小学体育社团的实践探索

——以苏州高新区长江小学校为例

一、课后服务背景下小学体育社团存在的问题

在课后服务背景下，小学体育社团活动的开展较以往变化很大，主要体现在以下几个方面：一是项目增加；二是时间延长；三是学生人数增多；四是学生之间的差异变大。体育社团作为一种全新的课后服务形式，鲜有成熟可用的经验，因此需要学校在已有体育社团的基础上，不断创新，不断发展，不断完善。以苏州高新区长江小学校为例，目前小学体育社团依旧存在以下问题。

1. 社团监管力度不足，重量不重质

随着课后服务时间的延长，原有的学校体育社团监管力度不能满足当前体育社团活动开展的需求。体育社团活动无人监管，社团活动组织无序、无内容现象成为常态。归根结底还是监管力度不足、监管形式单一、监管分工不明确所致。多数体育社团计划内容重复，体育社团活动成效不显著。

2. 目标定位不清晰，活动形式单一

当前体育社团存在教学目标认知模糊、定位不清晰的问题。教师对社团教学目标认知模糊。

3. 指导与管理不恰当，学生发展受限

在小学体育社团活动中，教师在组织过程中常常过多地干预体育社团活动，出现了过度指导与管理的现象。对学生来说，自主组织与参与活动的机会受到了限制，也就难以发挥自身的优势。学生发展受限，不利于培养自主性与创造性。

4. 预设生成不科学，学生兴趣不高

部分体育社团教师对活动内容及开展形式等方面没有科学的预设，缺

乏长期规划，体育社团活动的开展存在一定的盲目性，导致学生参与的积极性逐渐减少，很难提高活动效果和实现体育社团活动应有的价值。

二、课后服务背景下小学组织体育社团的特点

课后服务属于学校教育的延伸，是为了解决学生放学早、家长下班晚导致的时间差问题而衍生的一种服务，体育社团作为课后服务的一种形式，具有以下特点。

1. 体育社团类型多样、活动丰富

“双减”背景下，学生的负担相对减轻，自主支配的时间相对增加，而体育社团活动正是实现“五育并举”的手段之一。学校根据学生发展需求开设各种类型的体育社团，根据学生的兴趣爱好、特长等为学生精心组织各种体育社团活动，如球类运动等，满足不同年龄段学生的运动需求，让每一个学生都能感受到运动带来的快乐。

2. 专业的教师指导

课后服务背景下的体育社团活动并不是放养式的活动，而是在教师指导下的有意识的专业性活动。学校开设的体育社团活动配有专业的教师，分类指导，做到科学训练有保障。另外，学生在体育社团活动中要敢于大胆尝试练习方式，教师要给予相应的指导。

3. 拓宽学生交友形式

学校体育社团活动打破了同学与同学间、班级与班级间、年级与年级间的壁垒，在同一体育社团中，学生有着相同的兴趣爱好和共同的学习目标，学在一起，想在一起，玩在一起，玩中有学，学中见玩，相互合作，共同发展，通过活动、比赛等拉近彼此间的距离。不同年龄段的学生在同一个体育社团中，共同为这一个小团体而努力奋斗，高年级段的学生懂得如何在体育社团中帮助弟弟妹妹，而低年级段的学生则是以哥哥姐姐为榜样，这在无形中构建了团队文化，拓宽了学生的交友形式。

体育社团作为课后服务形式之一，既可以减轻学生参加校外培训的负担，又可以让学生有机会参与到课后的体育活动中来，并在此过程中培养体育兴趣、发展运动能力、提高身体素质，为深度学习、终身学习等奠定

良好的基础。

三、课后服务背景下小学体育社团建设的着眼点

如何在当下科学、合理地改进小学体育社团活动，凸显体育的育人价值，培养小学生的体育核心素养，是学校体育工作者迫切需要解决的问题，可以从以下几个方面进行。

1. 完善各项制度，提升体育社团的质量

学校应完善体育社团的各项制度，选择专业人员来做好管理工作。其中，考勤制度化、教练赛一体化、惩戒公开化，是学校体育社团管理制度的重要内容。以本校为例，在体育社团活动的开展过程中，学校会另外安排一位教务处教师巡查，一位教科室教师负责考勤，对社团教师进行全程、有效监督；从“教会”，到“勤练”，到最后“常赛”，形成体育社团的一体化教学，学校对体育社团的优秀学员进行公开表扬，对违反纪律的学员进行批评教育，做到赏罚分明。学校体育社团活动既要关注学生的参与度，也要打破传统教学模式的壁垒，将传授体育知识与开展丰富多彩的社团活动有机结合，真正实现教师“教会”，学生“勤练”，组织“常赛”的社团良性发展模式。

2. 制定培养目标，提升运动能力

针对体育社团活动，教师应制定合理的培养目标，逐步提升学生的运动能力。首先，教师需要充分利用自身专长，为体育社团中的学生量身制定培养目标，选择合适的活动内容和教学方法。教师在培养目标的指导下组织体育社团活动，进行评价，及时调整自身的教学内容和教学方法，提高学生的运动能力。

3. 以赛促练，激发运动兴趣

对有比赛项目的体育社团，学校采取“走进来”和“送出去”的方式，提供与其他学校进行友谊赛的机会。以赛促练，学生不仅能在赛事中增加比赛经验，还能进一步激发对运动的兴趣，开阔视野，丰富课余生活。

四、结语

通过对本校体育社团的不断研究，结合校情、学情，学校对体育社团的类型、组织、结构等模式不断进行优化，形成完整、合理的体育社团活动指南及教案，充分发挥体育社团的育人价值，尽可能使社团活动契合学生需求，为学生将来的专业化发展打下坚实的基础。在参与活动的过程中，教师要善于把握重点，除了要提高学生的运动技能、身体素质，还应关注学生心理健康，力求全面提升学生的体育核心素养。另外，体育社团活动要注重学生沟通能力与团队协作能力的培养，帮助学生树立正确的人生观和价值观。

小学体育社团活动作为学校课后服务的一项重要内容，为学生参加体育活动提供了绝佳时机。学校积极响应国家号召，研究相关国家政策，建立了多个小学体育社团，以此组织学生进行体育方面的学习与锻炼。开展学生体育社团建设是落实“五育并举”的有效途径，是落实“五项管理”和课后服务精神的重要措施，是落实“课后服务”的重要内容。课后服务需要社会、学校、学生、家长的各方努力，有效落实学校体育社团活动，认真贯彻“阳光体育活动”精神，落实“每天锻炼一小时”工作，这对学生终身体育意识的养成具有重要作用，同时有利于培养学生的体育核心素养。因此，课后服务背景下的体育社团活动应该是自主的、多样的、开放的。随着课后服务时间的增加，以及学生参与度的提高，体育社团活动的份量将越来越重。这既是对体育课内容的有效补充，又开启了以体育人的全新方式。作为学校体育工作者，要从学生的兴趣和需求出发，引导和鼓励学生加入体育社团，先影响一小批学生，再慢慢扩展，以一小批学生影响和带动一大批学生，构建校园体育社团新文化；加强各个体育社团间的交流，使体育社团文化相互融合，让学生感受体育社团活动的精彩和魅力，以此促进校园体育社团文化的蓬勃发展。

小学生参与体育社团活动现象的研究

体育社团是以体育运动为目的或活动内容的社会团体。体育社团是学校社团的重要类型，也是体育活动的重要组织形式之一。其本质是素质教育的延伸，是学生发展体育核心素养的第二课堂。体育社团活动形式多样，活动时间固定，有专业的教练指导，内容安排上合理融入生活化的元素，处处体现“生活即教育”的理念，学生的身心都能得到良好的发展。

学校常见的体育社团有田径社团、冬季三项社团、篮球社团、足球社团等，也有一些新兴的体育运动社团，如棒球社团、轮滑社团等。这些体育社团活动有助于培养学生敢于拼搏的品质。同时，体育社团活动还能拉近学生间的距离，学生的社交能力和自主管理能力也随之提升。

一、学校学生参与体育社团活动的现状及分析

学校注重学生的全面发展，在课外时间，通过多种多样的社团活动来促进学生的全面发展。经统计，学校各类社团有 38 个，体育社团 12 个。

为了更好地对学校学生参与体育社团活动的情况进行调查和分析，笔者对学生参与体育社团的情况进行了问卷调查。共有 520 名学生参与了问卷调查，一共发放调查问卷 520 份，回收调查问卷 513 份，有效问卷 508 份，有效率约为 99%。问卷调查主要包括以下 13 个方面的内容。

（1）你的性别和年龄？

（2）你加入了学校哪些体育社团？

（3）你对现在所参加的体育社团活动感到满意吗？

（4）你参加体育社团后，自身体育核心素养有哪些方面的提升？

（5）你参加体育社团的目的是什么？（可多选）

（6）你参加体育社团后，合作能力得到发展了吗？

（7）你喜欢学校哪种体育社团活动的开展方式？

（8）你参与的体育社团的教学方法有哪些？

（9）你喜欢哪种体育社团的教学方法？

（10）你喜欢的体育社团活动与现实生活相联系吗？

（11）在体育社团活动中你有哪些收获？

（12）你有没有被选入学校体育特色队？

（13）你觉得你参与的体育社团有哪些方面需要改进？

针对以上 13 个方面详尽的调查分析，笔者将调查问卷的结果统计如下。

（1）在所调查的有效人数中，其中男生 303 名，女生 205 名。7—9 岁的有 165 人，10—11 岁的有 172 人，12—14 岁的有 171 人，每个年级段人数基本均等。

（2）本校体育社团有武术、足球、篮球、羽毛球和定测向五种，参加足球社团的学生人数最多，有 193 人，其次是篮球社团人数，有 118 人，参加羽毛球社团的有 82 人，参加定测向社团的有 76 人，参加武术社团的有 39 人。调查数据显示，绝大部分学生喜欢球类运动。

（3）通过对学生参与体育社团的满意度调查，笔者发现，表示很满意的学生有 429 人，占总人数约 84.4%；表示基本满意的学生有 51 人，占总人数约 10.0%；表示不太满意的学生有 23 人，占总人数约 4.5%；表示不满意的学生有 5 人，占总人数约 1.0%。调查结果说明绝大部分学生对现在所参加的体育学团活动还是很满意的。

（4）通过调查，笔者发现，有 85.9% 的学生认为自己有了自主健身的意识，有 63.1% 的学生认为参加体育社团提升了自己的运动认知，有 38.4% 的学生认为自己适应了相关活动，有 38% 的学生已经养成了健身的习惯，仅有 6.9% 的学生选择了暂时没有明显变化。从数据可以看出来参加体育社团的绝大部分学生都认为个人的体育核心素养得到了提升。

（5）通过调查，有 82.9% 的学生参与体育社团是出于个人兴趣爱好，有 66.1% 的学生是为了放松自己、减轻压力，有 40.4% 的学生是为了学会一项技能，有 36% 的学生是为了锻炼身体，仅有 6.9% 的学生选择没有什么目的。这印证了兴趣是学生学习的内驱力。

（6）通过调查，笔者发现，有 97% 的学生选择了合作能力得到不同程度的提高，3% 的学生选择了合作能力提高并不明显，此调查数据说明了学生对体育社团活动的认可。

（7）通过调查，笔者发现，喜欢实践型和比赛型的学生居多，分别是 36. 8% 和 33. 2% ，选择表演型和授课型的学生相对较少，分别是 15. 7% 和 13. 5% ，由此可知学生更喜欢的体育社团的开展方式是实践型和比赛型两种。

（8）通过调查，笔者发现，42% 的学生选择了教师主导教学，31% 的学生选择了合作探究教学，27% 的学生选择了自主探究教学，由此可知学校体育社团采用的最多的教学方法是教师主导教学方法。

（9）通过调查，笔者发现，56% 的学生选择了合作探究教学法，35% 的学生选择了自主探究教学法，只有 9% 的学生选择教师主导教学法，此调查数据说明了学生最喜欢的教学方式是合作探究法。然而在课堂上运用的最多的仍是教师主导教学法，这提示教师们应转变传统的教师教、学生学的教学形式，让学生多进行自主探究或合作探究性学习。

（10）通过调查，笔者发现 96% 的学生选择了喜欢体育社团活动与现实生活相联系，4% 的学生选择了不介意。此调查数据说明了学生喜欢体育社团活动与现实生活相联系。但是在日常的体育社团活动中，部分教师在组织形式上与实际生活联系不够密切，这提示教师应从活动的实际出发。

（11）通过调查，笔者发现，绝大多数的学生都选择了学习到一项新技能和提升身体、心理素质两项，另有一部分学生选择了认识了很多新朋友和性格变得更活泼，只有 3 名学生选择了没有任何收获。此调查结果表明了体育社团活动让大部分学生有收获。

（12）通过调查，笔者发现，共有 160 人被选入学校体育特色队。

（13）通过调查，笔者发现，有 39% 的学生认为体育社团的组织形式需要改进，有 36% 的学生认为体育社团的管理制度需要改进，有 17% 的学生认为体育社团的教学方法需要改进。

二、调研思考

通过此次调查，笔者认为应不断优化社团的类型、组织、结构等，形成一套完整、合理的体育社团建设方案，发挥体育社团的育人价值。对于学校管理制度，笔者认为要坚持长效的体育社团活动管理制度，选择专业人员来做管理工作。学校体育社团既要关注学生的参与度，同时也要打破传统教学模式的壁垒，将传授体育知识与开展丰富多彩的社团活动有机结合，教师“教会”，学生“勤练”，组织“常赛”。关于社团教学模式，笔者认为要改变教师主导性教学，教师在激发学生运动兴趣的同时，给学生搭建可以展现自己的舞台，以此来培养学生的综合能力。

培养学生体育核心素养，是帮助学生成长为一个全面发展的人的关键，是时代不断变化和发展的要求，同时也符合新课程改革的需求。要想更好地借助体育社团来提升小学生体育核心素养，就需要了解小学体育社团的特点，关注体育社团和小学生体育核心素养存在的关联，同时明确学校体育社团对小学生体育核心素养的促进作用，提出可操作的具体策略。笔者认为，学校体育教研组不仅应开展一些培训，为学生提供一个优质的平台，提高学生参与体育社团的兴趣，还应关注学生身心发展需求，从而提高学生体育核心素养。

基于生活化理念的小学体育社团课程化建构与实施路径研究

在“健康中国”战略与“双减”政策的双重驱动下，小学体育教育亟待突破传统课堂的封闭性桎梏，实现从技能训练向素养培育的转型。陶行知“生活即教育”理论强调教育应扎根生活，这一理念为体育教育改革提供了重要启示：体育社团课程化不仅是教学时空的延伸，更是教育本质的回归。当前，小学体育社团普遍存在内容程式化、方法单一化、资源碎片化等问题，难以满足学生多样化的发展需求。本研究立足生活化理念，通过重构课程体系、创新实施策略，探索体育社团活动与日常生活的深度联结。一方面，挖掘传统游戏与现代运动的生活价值，构建趣味性与教育性并重的课程内容；另一方面，通过家校社协同机制与动态评价体系，打造课堂-社团-生活贯通的育人生态。这一实践既是对“生活即教育”理论的当代诠释，也为小学体育教育落实“健康提升专项行动”提供新路径。

一、生活化理念对小学体育社团课程化的重要价值

把体育社团活动纳入体育课程教学计划，能够打通课内教学与课外锻炼的通道，为学生体育素养的提升搭建优质平台，也为开展个性化、主体性教育提供有力支撑。积极探索体育教育的创新路径，对体育社团教学活动的内容、形式和过程进行精心设计，有助于学生在体育锻炼中实现身心的全面发展。

1. 体系优化：重塑体育教育格局

在“健康中国”战略与“双减”政策的双重推动下，江苏省义务教育学校实施的“健康提升专项行动”，旨在全面提升学生体质。而体育社团作为学校体育教育体系中不可或缺的关键一环，其重要性不言而喻。

传统体育教学模式的局限性日益凸显。其难以充分激发学生的兴趣与潜力，也无法全面满足学生多样化的体育需求。而将体育社团活动课程化，成为打破这一困境的有力途径。把体育社团活动课程化，并融入生活化理念，能够有效拓展体育教育的边界。让体育教育不再局限于课堂，而是延伸至社团活动；让体育教育不再局限于活动内容，而是与日常生活相联系。这一举措不仅丰富学校体育课程的内容，为学生提供更加多元化的选择，还能让学生根据自身兴趣和特长，深入学习特定体育项目，切实提升体育技能。将体育社团活动课程化是极具创新性与实效性的重要举措，推动体育教育朝着更加多元、更贴合学生需求的方向发展，它正逐步重塑体育教育的现有格局。

2. 目标导向：锚定教育本真内核

陶行知先生提出的“生活即教育”理论，深刻阐述了教育与生活之间无法分割的紧密联系。在小学体育社团活动的创新实践中，把生活化理念巧妙融入体育社团课程化的进程，正是对这一理论的深度践行与积极发展。以小学体育社团活动为例，引入跳绳、踢毽子这类充满生活气息的传统运动项目，创建学生熟悉的生活场景。在这样的场景中，学生不是被动接受体育知识，而是主动学习、积极锻炼。这种模式不仅能快速激发学生对体育的热情，更能充分挖掘他们的运动潜能，极大地提升他们参与体育活动的积极性和主动性。

从长远来看，这种将生活与社团活动深度融合的方式，为学生搭建了从课堂到生活的实践通道，使学生能够轻松将在社团中习得的体育知识和技能运用到日常生活中，真正做到学以致用。这不仅是“生活即教育”理念的实践，也是对教育本质的精准回应。

3. 内容深耕：推动学生全面发展

课程化的体育社团活动，不仅仅是简单的体育锻炼，更是一场全方位的身心塑造之旅。这一创新模式高度重视学生的个体差异，尊重并挖掘每一位学生独特的兴趣爱好，致力于为他们打造一个丰富多彩、形式多样的体育学习平台。

通过系统的课程设计，学生能够将体育知识、心理调适和健康行为逐渐内化为稳定的身心素质结构，实现体育核心素养的全面提升。这种素养的培养，将伴随学生一生，为他们的终身发展筑牢根基。

二、小学体育社团课程结构体系的构建

1. 锚定精准课程目标，引领社团体育活动方向

小学体育社团课程目标的设定，须深度契合学生身心发展的阶段性特征，全面呼应体育教育的宏观要求，并巧妙融入生活化理念，以此为基石构建科学、合理且具有针对性的目标体系。课程目标的制定，绝非局限于学生运动技能的机械传授和身体素质的单纯强化，更应将目光聚焦于学生体育兴趣的深度激发、体育习惯的稳固养成，以及社会适应能力的全方位培育。

以学生的成长规律为导向，低年级学生活泼好动、好奇心强，社团课程目标可以激发他们对体育的初始兴趣，夯实基本运动能力基础，通过趣味化、游戏化的体育活动，如简单的搬运接力比赛、模仿韵律操等，引领他们轻松开展体育活动。高年级学生身体素质和认知能力已有基础，社团课程目标则应向运动技能精细化、团队协作高效化、竞争意识敏锐化方向着手。可组织趣味篮球、足球等小团队赛事，让学生在高强度对抗中磨炼技术，在团队配合中体悟团结协作的力量，在竞争氛围中体会积极进取、勇于拼搏的优良品质（图4-10）。

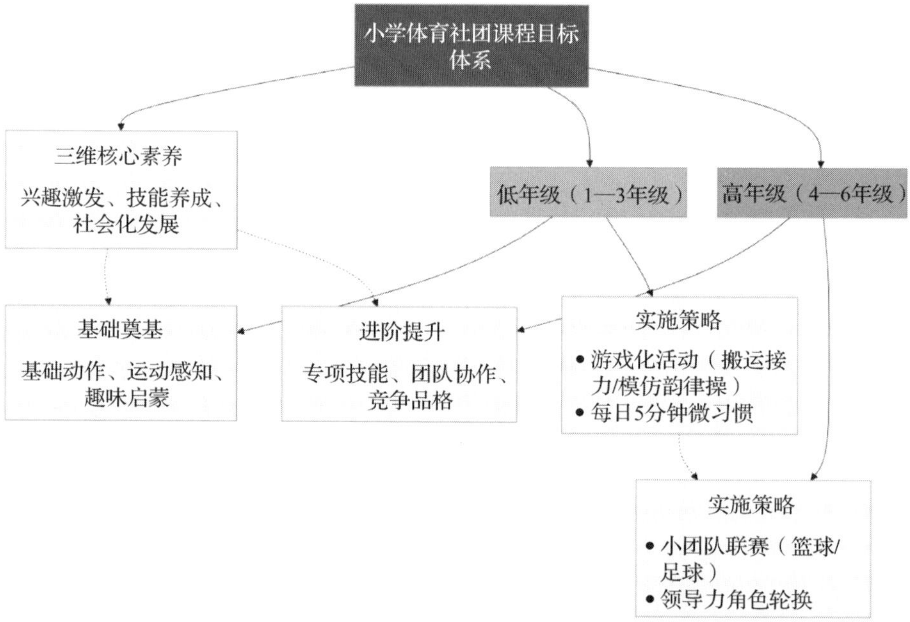

图 4-10　小学体育社团课程目标分层架构

2. 多元拓展课程内容，契合学生多样体育需求

依据生活化理念，丰富体育社团活动课程内容。深入挖掘传统民间体育项目是其中重要的一环。如低年级的老鹰捉小鸡、贴烧饼、老狼老狼几点等活动，在过去的日常生活中极为常见，不仅充满生活气息，更承载着文化底蕴。将此类传统体育游戏纳入体育社团课程，能让学生亲身感受传统文化的独特魅力，在运动中传承经典。

与此同时，巧妙融合现代生活元素也不可或缺，如在社团活动中引入击剑、轮滑等新兴项目，不仅能拓宽学生的视野，而且与现代生活的需求相契合。此外，学生的兴趣和特长各不相同，为满足这种个性化需求，应当设置多样化的课程模块。例如，球类活动能提升学生的手眼协调和团队协作能力；田径活动有助于增强学生的体能和毅力；体操活动则可以培养学生的身体柔韧性和协调性。

3. 推动课程实施落地，适时动态调整过程管理

学校体育社团课程实施采用多元化时间安排，有机融合陶行知“生活即教育”理念，通过每周三、每周五下午固定时段（15:30—16:30）的系

统训练、每日大课间30分钟（9:00—9:30）的碎片化锻炼及每月体育主题日的拓展活动，构建了层次分明的体育社团课程（表4-1）。活动设计遵循因材施教原则，低年级采用游戏化教学培养兴趣，高年级侧重技能训练提升能力，并灵活设置雨天室内替代方案，充分体现"教学做合一"的实践智慧。这种创新模式不仅突破了传统体育教学的时空限制，更将体育锻炼自然融入校园生活，在保障学生体质健康的同时，培养了学生终身体育意识，实现了陶行知教育思想与现代学校体育实践的完美结合。

表4-1　体育社团课程安排

时间	周一	周二	周三	周四	周五
大课间	跳绳游戏	毽子接力	韵律操	趣味田径	自由活动
课后服务时段	羽毛球社团	轮滑社团	社团专项训练	主题拓展活动	社团专项训练
周末	亲子运动日（每月1次，社区场地）				

同时，课程实行动态管理，通过《社团活动日志》记录出勤、参与度、安全事件；根据学生兴趣变化调整活动内容；场地冲突时启用课程动态管理（表4-2），并给学生设置"成长档案"。

表4-2　课程动态管理

角色	职责	频次	反馈渠道
红领巾监督员	协助器材管理	每周1次	每周常规督查
班主任	监督学生出勤与安全	每日	校园OA系统填报
体育教研组	课程质量评估与改进	每月1次	专题研讨

4. 优化统筹时空安排，保障课程有序、高效开展

在课程时间规划层面，为保障体育社团活动的高质量开展，充足的时间投入是关键。学校应明确并固定活动时间，建立严格的时间保障机制，从根本上杜绝其被其他课程随意挤占的现象，让体育社团活动在时间上拥有坚实的"防护盾"。同时，秉持灵活性原则，巧妙整合碎片化与集中性时间。除常规课余时段外，充分利用大课间的时间，组织小型竞赛、专项技能训练等活动；学校课程日期间，策划主题性体育社团活动，如校园定向越野、团队拓展营等，丰富学生课余生活，强化体育锻炼的持续性与系

统性。

在课程空间布局方面，深度挖掘校内资源潜力，对学校现有的操场、体育馆等体育场地和设施进行科学统筹、高效利用，依据不同项目特点与需求，合理规划场地使用时间与功能分区，让校内体育空间发挥最大效能。为学生打造广阔多元的体育活动与锻炼平台，全方位助力学生体育素养的提升。

5. 构建科学评价体系，衡量学生体育成长成果

建立科学、合理的课程评价体系（图 4-12），是推动体育社团课程化高质量发展的关键。评价的介入能够帮助学生了解自己学习的状态，有利于练与学的反馈和改进。不同的活动内容与组织形式，决定了不同的评价方法，评价内容的设置与活动内容和活动方式息息相关。

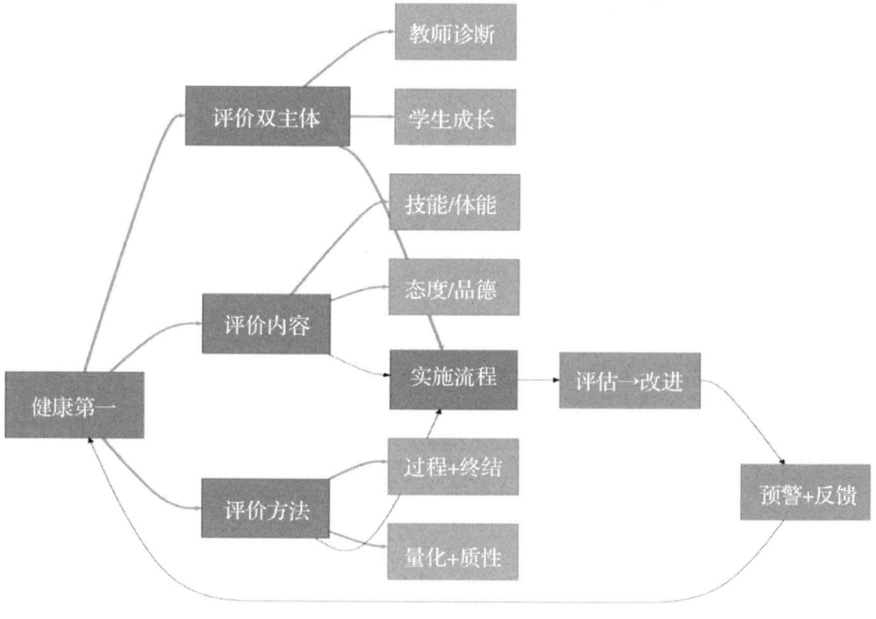

图 4-12　构建科学、合理的评价体系

评价要具有明确的指向性，要充分体现课程改革的指导思想“健康第一”，不断提高生活质量，要通过评价使评价对象的实践和行为不断地符合学科课程改革的要求。评价的基本点是对教师在活动中存在的问题和原因进行分析，并指出改进和发展的方向；评价应着眼于学生的进步，从学生的动态发展看待问题，以调动学生的参与为目标，提升学生的学习热情；教师应根据一定的标准对学生的行为进行评估；多元性主要体现为评价的主体、方法和功能的多样性。不仅关注运动技能、体能，关注比赛态度及体育品德，关注健康行为，关注过程性与总结性评价、定性与量性评价，还要关注绝对性和相对性相结合的评价等。

三、生活化理念下小学体育社团课程化的实施路径

1. 内容贴近生活，增强课程现实感

在体育社团活动开展过程中，教师须注重将课程内容深度融入学生的日常生活场景。以羽毛球社团为例，教师可精心策划羽毛球趣味挑战赛，鼓励学生自由组队参赛，在互动中共同体验羽毛球运动的魅力，增进伙伴之间的交流，同时培养运动习惯。

此外，活动内容设计应巧妙融入生活元素，比如，通过红领巾物资运送小队协助运送器材的情景，安排不同人次的负重跑练习，游戏中让学生体会集体的力量，感受运动带来的快乐。将体育技能训练与生活化情境相融合的活动方式，既能激发学生对活动课程的兴趣，又能有效提升学生参与体育活动的积极性和主动性，真正实现“活动生活化”的教育目标。

2. 方法多元创新，激发学生参与度

为深度践行生活化理念下的体育社团课程化教学目标，教师须突破活动模式的局限，构建多元化的活动方法，应灵活引入情境、游戏与小组合作，激发活动兴趣。

以轮滑社团教学为例，教师可打造“极速快递”主题情境，将单调的轮滑活动转化为“极速快递”的趣味之旅。活动中学生化身“快递员”，在沉浸式的趣味情境中完成速滑活动，既能有效提升运动技能，又能充分调动学习积极性。同时，借助小组合作开展接力赛、障碍赛等团队竞技活动，引导学生在协作中相互支持，在竞争中激发潜能，使社团活动成为培养团队精神与竞争意识的实践场域，真正实现寓教于乐。

3. 资源统筹整合，拓展课程承载力

构建学校、家庭、社会协同联动的体育社团活动资源，通过资源整合

与创新利用，为学生打造立体化的体育活动场景。在家校协同层面，学校可以成立家长体育志愿者参与机制，邀请具备运动专长的家长担任社团指导，分享运动技能与经验，实现家庭资源向校园体育的有效转化。如学校聘请有足球经验的家长担任社团教师，可以根据学生年龄与技能基础，设计分层活动——低年级以趣味足球游戏培养球感，中年级侧重战术配合训练，高年级开展对抗性实战演练。

同时，深化校社合作，将社区运动场也纳入社团活动场所，拓展社团活动空间。此外，依托互联网技术，搭建线上天天跳绳 APP 学习平台，虚拟训练课程等资源，构建“一边实践一边活动”的混合式活动模式，全方位拓宽学生体育活动路径。

4. 家校协同共育，构建长效支持网

学校应通过家长进课堂、家长会、家长学校等形式，向家长宣传“健康中国”战略暨生活化理念下小学体育社团课程化的重要意义，提高家长对体育社团活动的重视程度。同时，鼓励家长积极参与学生的活动，如陪伴学生参加体育社团组织的亲子活动，关注学生的运动情况，及时与教师沟通交流，共同促进学生的身心健康发展。

组织“亲子运动会”“天天跳绳打卡”等特色活动，让家长深度参与学生活动过程。实现学生活动与成长的双向奔赴，形成家校协同育人的闭环，为学生身心健康发展提供持续保障。

综上所述，基于生活化理念推进小学体育社团课程化，是践行陶行知“生活即教育”理论的创新实践，更是深化小学体育教育改革的关键突破口。通过系统构建“目标-内容-方法-资源-评价”一体化课程结构体系，实施活动内容生活化、活动方法情境化、活动资源社会化、家校协同常态化的多维策略，不仅有效提升体育社团活动的专业性与实效性，更在潜移默化中培育学生运动技能、健康行为与体育品德等核心素养。展望未来，须持续深化生活化理念的内涵挖掘与实践创新，以动态优化的课程设计、与时俱进的教学模式，为学生搭建终身运动的桥梁，让体育社团活动真正成为滋养学生全面发展的生命教育。